À Thérèse

Comme une assiette de dattes Deglet Nour,
ces doigts de lumière vous sont offerts
pour la rêverie et la réflexion.

Jean-Guy Lenoard

Doigts de lumière

Rêveries et réflexions

Collection
Art de vivre

DANS LA MÊME COLLECTION

Jean Proulx, *Artisans de la beauté du monde*, 2002

Fernande Goulet Yelle, *Bonne nuit la vie !*, 2004

Jean Proulx, *Dans l'éclaircie de l'Être*, 2004

Édouard Bisson, *Mourir pour renaître à la vie*, 2006

Yvon Laverdière, *Le Guide du parfait survivant*, 2006

DES MÊMES AUTEURS

Jean-Guy Desrochers

    La Double Conquête, Hanoi, Thê Gio'i, 2000

    Voyage au pays des apparences, Montréal, Tremplin, 2005

Jean Proulx

    Le Projet éducatif québécois, Sainte-Foy, CSE, 1980

    Au matin des trois soleils, Sillery, Septentrion, 1992

    La Chorégraphie divine, Montréal, Fides, 1999

    Artisans de la beauté du monde, Sillery, Septentrion, 2002

    Dans l'éclaircie de l'Être, Sillery, Septentrion, 2004

Jean Proulx, *philosophe*

et

Jean-Guy Desrochers, *poète*
Mercédes Beaulieu Malo, *peintre*

Doigts de lumière

Rêveries et réflexions

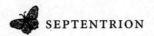

SEPTENTRION

Les éditions du Septentrion remercient le Conseil des Arts du Canada et la Société de développement des entreprises culturelles du Québec (SODEC) pour le soutien accordé à leur programme d'édition, ainsi que le gouvernement du Québec pour son Programme de crédit d'impôt pour l'édition de livres. Nous reconnaissons également l'aide financière du gouvernement du Canada par l'entremise du Programme d'aide au développement de l'industrie de l'édition (PADIÉ) pour nos activités d'édition.

Directeur de collection : François Baby

Papillon identifiant la collection : Camille Proulx

Image de la couverture : Jean Proulx

Mise en pages et maquette de la couverture : Pierre-Louis Cauchon

Révision : Julie Malouin

Si vous désirez être tenu au courant des publications
des ÉDITIONS DU SEPTENTRION
vous pouvez nous écrire au
1300, av. Maguire, Sillery (Québec) G1T 1Z3
ou par télécopieur (418) 527-4978
ou consulter notre catalogue sur Internet :
www.septentrion.qc.ca

© Les éditions du Septentrion
1300, av. Maguire
Sillery (Québec)
G1T 1Z3

Diffusion au Canada :
Diffusion Dimedia
539, boul. Lebeau
Saint-Laurent (Québec)
H4N 1S2

Dépôt légal : Bibliothèque et Archives
nationales du Québec, 2007
ISBN 10 : 2-89448-522-0
ISBN 13 : 978-2-89448-522-4

Ventes en Europe :
Distribution du Nouveau Monde
30, rue Gay-Lussac
75005 Paris France

Avant-propos

Un authentique art de vivre commence par une *conversion du regard*. Tout artisan soucieux de faire avancer la beauté du monde est invité à ajuster son regard pour voir autrement ce qui est devant lui. N'est-il point reconnu que celui qui sait contempler un long temps les choses qui l'entourent arrive, dans un instant privilégié, à entrevoir en elles la Source d'où elles émergent, la Lumière qui les éclaire et l'Être qui les fonde?

Chacun est donc ici convié à ouvrir ses yeux sur une réalité autre cachée derrière celle qui existe autour de lui; à percevoir l'invisible au cœur du visible; à franchir le seuil du mystère présent sous le monde familier. La vie peut sembler s'écouler dans une pure horizontalité et pourtant elle possède indéniablement une verticalité, disons une profondeur, que ce livre tente d'évoquer. L'ailleurs peut également paraître lointain, cependant il est vraiment ici.

Ainsi, ce que l'on voit est question de perception et, grâce à un certain regard, c'est la conscience éveillée qui peut ouvrir à ce que des penseurs, des poètes et des mystiques appellent «l'horizon infini de l'Être». Jour après jour, chacun peut apprendre à se situer sur un plan de conscience qui lui permet de percer le voile des apparences et l'amène à libérer la mystérieuse lumière présente en toute matière. Ce regard lumineux de chacun est important, puisqu'il renouvelle et enrichit de façon unique la beauté du monde.

Toute chose, tout être ou tout événement, si banal peut-il paraître, porte en lui-même cette lumière cachée. Les rêveries, poèmes ou dessins, ainsi que les pensées contenues dans ce livre sont comme des lucioles, des lanternes, des oiseaux transparents envolés dans le crépuscule ou des flèches lumineuses lancées dans la nuit. Mieux: ce sont *des doigts de lumière* reflétant et indiquant cette Lumière dissimulée en tout ce qui est et advient.

Il y a d'abord ces doigts de lumière que sont *les haikus*. Ils sont les fruits du regard du poète Jean-Guy Desrochers. Les haikus sont de petits poèmes composés de trois vers dépouillés à l'extrême. Pas de décor ni d'effet théâtral. Pas d'enjolivures ni de détails. On pourrait penser à une charade, une maxime ou un koan, cette parole paradoxale d'un maître bouddhiste servant à la méditation. Les haikus contiennent rarement les dix-sept syllabes du format initial japonais. Aujourd'hui, ce poème «à trois pétales» est sans règles strictes, si ce n'est celles de son dépouillement et de la surprise qui force la réflexion. En cet état minimaliste, tous les vocables du poème brillent et prennent leur pleine valeur de signe.

Chaque court poème est le fruit d'un regard simple et détaché. Il résume en quelques mots un instant de grâce, un éclair de sagesse, un lien privilégié avec la nature. Pour Bashô, le fondateur japonais, et pour ses illustres successeurs Issa et Buson, le haiku a pour essence un manque, un vide et un abîme. Le manque, c'est l'absence d'explication unique ; le vide, c'est l'Être qui afflue en toutes choses ; l'abîme, c'est l'Inconnaissable. Le haiku éclate donc en une lumière qui peut offrir un sens à l'existence individuelle, s'ouvrir sur le tout cosmique et évoquer la dimension de la Transcendance. Toujours, il doit surprendre, inciter à la quête et offrir l'occasion de se reconnaître en tout et de reconnaître le tout en soi. Il conduit même parfois à un véritable éveil de la conscience, qui peut se traduire par un art de vivre inspirant la multiplicité des actions et des gestes quotidiens. Tout cela fait du haiku un véritable doigt de lumière.

Il y a aussi ces doigts de lumière que sont *les réflexions*. Ces dernières sont le fruit du regard du philosophe Jean Proulx. Elles ne cherchent pas à expliquer les haikus, bien qu'elles tentent d'en extraire une sève qui sera transposée dans l'univers des concepts propres à la philosophie. La pensée du philosophe, cependant, vogue largement dans les dimensions métaphysique et poétique. Bien souvent, l'image poétique appuie le concept abstrait. C'est que l'Être, vers lequel se tourne le philosophe cherchant à le comprendre, est d'une richesse inépuisable et n'a pas trop des concepts et des images pour se révéler. Cette alliance de l'abstrait et du concret, outre qu'elle respecte la puissance d'évocation des haikus, préserve justement du même coup le sens du mystère de l'Être. Un peu comme les haikus du poète, les pensées du philosophe veulent être transparentes à l'Être, comme sont transparentes les délicieuses dattes du Maghreb, ces «deglet nour» ou «doigts de lumière».

Le philosophe est donc habité par la passion de ce qu'on nomme «le mystère intelligible de l'Être». Il cherche à comprendre les joies et les douleurs de l'existence. Il veut apercevoir la profondeur de l'âme humaine et, la disant du mieux qu'il peut, ajouter à la beauté du monde. Sa quête de sagesse l'amène à se nourrir au sein du grand héritage de la philosophie de l'Occident et à l'enrichir des profondes pensées spirituelles de l'Orient. On peut considérer que les réflexions philosophiques s'harmonisent ici aisément avec les haikus et qu'elles apparaissent aussi comme des doigts de lumière.

Il y a enfin ces doigts de lumière que sont *les dessins*. Ces derniers sont le fruit du regard de l'artiste-peintre Mercédes Beaulieu Malo. Inspirés des haikus et des réflexions qui les accompagnent, ils sont réalisés selon l'art du dessin au lavis et à l'acrylique, achevés à l'encre de Chine. Les formes et les lignes, les jeux d'ombre et de lumière, les modelés et les reliefs cherchent tous à révéler, eux aussi, cet autre côté des choses que perçoit le peintre. Ils sont, à leur manière, évocateurs à la fois de la lumière et du mystère de l'Être. Ils dévoilent, par leur graphisme même, l'enchevêtrement profond de l'âme humaine et de la nature. Ils indiquent le monde caché sous le voile des apparences. Ce sont donc eux aussi des doigts de lumière.

Haikus, réflexions, dessins! Voilà bien la riche moisson de trois regards sur les choses: celui du poète, celui du philosophe, celui du peintre. Mais une profonde résonance circule entre ces regards. Il y a une sorte de polyphonie à trois voix. Comme le haiku lui-même, ce livre se présente à la manière d'une fleur à trois pétales. Les rêveries du poète et de l'artiste-peintre donnent à penser, puis les réflexions du philosophe ramènent à la rêverie. Chacun de nous peut être, comme disait le philosophe Gaston Bachelard, «un rêveur qui pense» et «un penseur qui rêve». Chacun porte en lui le temps plus léger et sans mesure de l'*anima* qui crée les poèmes et les dessins et le temps plus lourd et mesuré de l'*animus* qui engendre les réflexions. Mais *animus* et *anima* ou pensée et rêverie sont inséparables en toute âme humaine et cherchent, dans le présent livre, à rejoindre leur profonde harmonie.

En définitive, ce livre invite chacun à «faire son bout du chemin», en plongeant son regard jusqu'à ce niveau de son âme où il n'y a plus qu'un seul doigt de lumière pointant en direction de l'éblouissante lumière de l'Être et de son profond mystère...

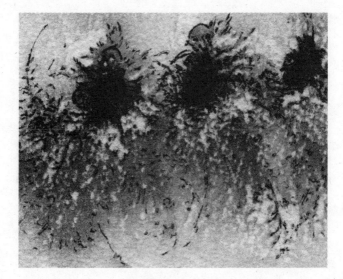

Premier
De tous les gestes de naissance
L'éclosion

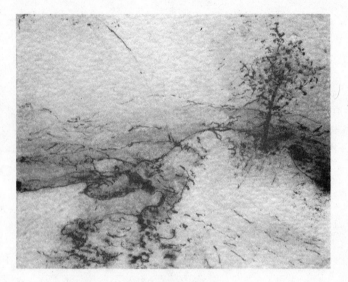

Sur le faîte
De la montagne
Un orant

Tout être vivant
Mûrit
Pour le don

En la fleur
Épanouie
L'amour resplendit

Chapitre 1

NAISSANCE

Issue du feu cosmique
Une vibration créatrice
Naissance

J'ai éteint les néons
Allumé la chandelle
Mon regard est moins superficiel

J'ai allumé une chandelle: un soleil est né.

J'ai accompli un geste de naissance. Avec le feu a surgi en moi un regard neuf, un regard de feu, baignant dans une nouvelle lumière tellement plus intérieure. Ainsi se vit l'échange entre les objets familiers de la vie et chaque être humain. J'ai permis à une simple chandelle de réaliser son grand œuvre de lumière. Elle est devenue, à son tour, donatrice. Levant pour moi le voile des apparences, elle a éveillé une nouvelle conscience enracinée dans ma nature profonde. Elle a ouvert l'œil de mon âme.

À qui sait le contempler, ce petit feu dira qu'il porte la plus vieille mémoire du monde. En lui sont remis en lumière les premiers feux cosmiques, ceux-là mêmes d'où sont issus les atomes, les étoiles, les fleurs et les myriades de formes qui enchantent nos vies.

En la lumière vacillante et fragile de cette flamme se dévoile aussi le destin fugace de toute chose: la vie, sur cette terre, est semblable à un souffle éphémère; elle est un tout petit trait sans épaisseur discrètement tracé à l'horizontale du temps. En ce temps et en cet espace, l'impermanence fait loi.

Et pourtant, en la lumière dressée et montante de cette flamme se révèle une tout autre vérité : l'essence de chaque être, sur cette terre, est verticale ; elle est un reflet de l'Être unique et infini. Ce feu intérieur monte au Divin, ou plutôt le Divin monte en lui... éternellement !

*

Cosmos infini
Nœuds d'énergie
Plénitude du vide

Du Grand Vide est né l'univers.

Je sais une histoire commencée il y a des milliards d'années. Dans un acte de dépouillement et d'oubli de soi, et tout à la fois d'épanchement et d'effusion, le Vide empli de vie s'est manifesté pour faire exister en lui l'univers. Et l'univers est né. Depuis, le Vide danse dans la matière, l'espace et le temps avec une énergie infinie. Et il berce le cosmos comme son enfant.

Ce Vide originel est l'immense champ de création de la multitude des êtres, aussi diversifiés que des cristaux de neige. Ce Vide sans formes contient les semences de toutes les formes possibles. Ce Vide absolu est tout et rien, présence et absence, manifestation et mystère, parole et silence. Il est l'Âme du monde en laquelle naissent, grandissent, s'unissent et retournent les âmes de tous les êtres particuliers. Il est l'océan de la puissante Énergie cosmique, la Vibration qui oscille dans toutes les forces connues de ce monde. Il est l'Habitant universel, l'Esprit cosmique, le Dieu immanent, l'Être replié dans les formes ne demandant qu'à s'y déplier.

N'entends-tu point en toi et autour de toi le murmure de ce Silence éternel ? Ne sens-tu point en toi et autour de toi les battements de l'immense Énergie ? Car tu es un nœud enlacé sur cette unique corde vibrante où se croisent et se font entendre tous les êtres. Toi, moi ou chaque être, nous sommes l'une des vagues d'un unique océan, l'un des grains de sable d'une unique plage, l'une des formes d'un unique Vide. Toi, moi ou chaque être, nous sommes un chiffre à déchiffrer dans le langage cosmique, un microcosme, une résonance, un miroir vivant du Tout cosmique, une simple et ultime note du chant divin.

*

Sur la terrasse
Une pensée qui marche
L'arbre croît

Partout, l'Esprit est en gestation.

L'Esprit cosmique est à l'origine, au fondement et au terme de toute chose. Il fait de cet univers un seul Grand Vivant. Jusque dans la plus obscure parcelle de matière, son onde souterraine est à l'œuvre. Il n'y a qu'un seul courant profond, qu'une seule vibration souterraine, qu'un seul jeu mystérieux en ce monde: l'action créatrice de l'Esprit. Chaque être est le fruit de cette Pensée cosmique. Dans la fleur qui s'ouvre, chez l'oiseau qui construit son nid et au cœur de l'homme qui réfléchit l'univers existe une même Pensée: parole secrète à déchiffrer, île de lumière à contempler, miroir vivant en lequel se reconnaître.

Comment douter que l'Esprit cosmique renouvelle constamment le monde «par ses gestes de naissance», écrivait Maître Eckhart au XIVe siècle. Il est en marche depuis la particule la plus élémentaire jusqu'à la conscience réflexive de l'être humain. Sa course est évolutive. Son plaisir est d'enfanter, de faire croître et d'amener les êtres vers leur achèvement.

C'est bien cette Pensée, forme lumineuse intérieure de tout être, qui transmua le minéral en vie et la vie en conscience. Tel un alchimiste, c'est elle qui toujours ouvre en chaque personne des chemins vers un plus-être. Déjà inscrite dans la sève ou le sang de toute forme de vie, c'est elle qui constamment fait grandir du dedans chaque être humain, le conduisant le plus loin possible sur le versant accompli de son être.

*

Issu du vide
Tout porte un masque
Haiku

Le Grand Vide est l'unique dramaturge cosmique.

Toi, moi ou tout être de cet univers sommes les acteurs de la pièce écrite et mise en scène par le Grand Vide. Sur la scène du monde, c'est lui qui mène l'action théâtrale après avoir distribué les rôles. Invisible, il laisse aux personnages qu'il a créés le soin d'occuper l'avant-scène spatiale et temporelle.

Chaque forme, chaque être, chaque personnage n'est finalement qu'un masque théâtral du Grand Vide. Selon la part du texte et de l'action qui lui est confiée, tout protagoniste dévoile quelque aspect du drame cosmique. Depuis son entrée en scène jusqu'à sa sortie de scène, son rôle est de prononcer quelques phrases de l'inépuisable poème dramatique. Il incarne ainsi à sa manière unique l'un des visages possibles qu'emprunte le Vide plénier et créatif pour son jeu dans le monde des apparences.

Cet univers visible est une scène tournante. Les formes, les êtres, les personnages y apparaissent puis disparaissent, étant devenus pour un temps des signes et des porte-parole de la Vacuité silencieuse. Celle-ci est l'Être pur en lequel les êtres surgissent à l'approche du jour qu'ils sont appelés à vivre et en lequel ils se résorbent à l'approche de la nuit qui à nouveau les enveloppera. La Vacuité silencieuse est cette Source invisible de laquelle naissent toutes les formes visibles. Elle est la Présence absente se manifestant à travers ces masques que nous sommes, toi, moi et tout être de l'univers. Elle est le Divin se révélant à visage voilé.

*

La chandelle
Imite ma main sur le mur
Chinoisement

Ce monde visible en masque un autre, invisible.

Comme pour les prisonniers du philosophe Platon, les parois de la caverne terrestre en laquelle tu vis ne te renvoient que les ombres de la réalité et que les échos de tes paroles. Croyant que ces reflets sont la réalité, tu es comme eux plongé dans un monde illusoire.

Ce monde visible des prisonniers recèle un profond mystère. En ses ombres est enfermé un soleil; en ses échos existe un langage indéchiffré. N'est-ce pas cela que les mystiques et les métaphysiciens ont toujours désigné comme la lumière et la parole de l'Être? L'Être s'est involué, caché, exilé en quelque sorte dans la matière. L'Un s'est fait multitude. L'Esprit est devenu toutes formes. Le Tout cosmique a créé ses parties. L'Être est tout, mais il n'est rien. C'est une Présence qui s'inscrit ici et maintenant en tout être, mais aucun être ne le circonscrit. Il est semblable au vent invisible qui fait bouger les feuilles de l'arbre, au souffle de vie qui anime les cellules d'un corps, à la force de gravité qui unit les étoiles en faisant une galaxie. L'Être est l'arrière-plan plus réel que la réalité de premier plan. Il est l'immense continent d'où dérivent, telles des îles, toutes les parties solides dans le grand océan cosmique. Il est partout «l'ailleurs» et toujours «l'ici». Véritablement, dans l'opacité de ce temps et de cet espace, un soleil est enclos.

Voilà bien pourquoi tu es convié à naître, hors de cette nuit terrestre, à une nouvelle conscience solaire. Tu es appelé à traverser le voile obscur des apparences pour percevoir les discrètes éclaircies de l'Être et à capter, en deçà des bruits qui t'assaillent, le murmure de l'Être en toi et autour de toi. Ne peux-tu pas ouvrir tes yeux dans cette autre dimension du monde et t'attacher à la présence de l'Être dans les choses et les êtres plus qu'aux choses et aux êtres eux-mêmes? Ainsi, tu finiras par voir, entendre, goûter, sentir, toucher autrement ce qui est devant toi.

*

Tu es vide
Tu es tout
Tu es

Toi aussi, tu es le berceau du monde.

Dans toutes les traditions spirituelles, on dit de l'Être absolu qu'il est le Vide sans formes. De là origine son pouvoir créateur de toutes les formes possibles. Vide d'espace et de temps, il engendre l'espace et le temps. Parce qu'il n'est ni lumière, ni son, ni parfum, il est la source de toute qualité. Énergie pure, le Vide donne naissance au courage de tous les héros. Conscience pure, il génère la clairvoyance de tous les sages. Amour pur, il crée tous les saints. Vacuité silencieuse, il produit la parole. Vide absolu, il contient l'infinité des semences de toutes choses possibles. Il est tout parce qu'il n'est rien de particulier. Il est le berceau de l'univers. Dans son livre intitulé *Le vrai classique du vide parfait*, le sage Lie-tseu tient ces propos paradoxaux : « Il existe hors la vie ce par quoi la vie devient vie… En ce Vide, il n'y a ni savoir ni puissance et, cependant, ce Vide est omniscience et omnipotence ».

Toi aussi, tu es le Vide. Si tu sais naître au désir profond que tu es, ton âme deviendra à sa manière l'Âme du monde. Si tu as appris à plonger en ta conscience originelle, tu seras un miroir de la totalité de l'Être. Ton désir et ta conscience sont comme des vases précieux : c'est justement par le vide qu'ils sont, en leur être même, que les vases peuvent être garnis de fleurs. Ton désir et ta conscience ressemblent également à des logis : c'est justement le vide qu'ils sont, en leur être même, qui permet aux logis d'accueillir des habitants. On demandait encore au sage Lie-tseu pourquoi il tenait en si haute estime le vide. « Parce que, disait-il, par ce vide on atteint ses demeures profondes. » Ces demeures profondes, ce sont ton désir natif et ta conscience originelle qui, étant vides, peuvent contenir tout l'univers. C'est cela que tu es, en vérité.

*

Quand le vent siffle
Le saule fait trembler
L'eau de la rivière

En profondeur, toutes choses sont liées.

Marchant en forêt, n'admires-tu point la variété des espèces
végétales tout autant que le caractère unique de chaque
arbre ? Voilà bien l'un des symboles les plus significatifs de
la grande manifestation cosmique en laquelle s'affirment la
multiplicité infinie des formes et leur splendide diversité. À
tel point qu'on finit par croire que l'univers entier n'est que
la somme d'êtres innombrables, différents et séparés les uns
des autres.

Qu'il te suffise pourtant d'imaginer l'incroyable enchevêtrement des racines des arbres dans la forêt pour comprendre
que tout est entrelacé. Ce tressage est lui aussi un grand
symbole mais, cette fois, de l'unité de l'Être. Si la multiplicité
et la variété des formes attirent d'abord l'attention, c'est
cependant leur unité dans un grand tout indivisible qui
exprime leur vérité essentielle.

L'univers est un seul geste. Une onde unique le traverse,
présente en chaque chose. Il n'y a qu'un seul Être dont tout ce
qui existe participe. Dans l'ordre profond des choses, comme
le montrent la physique actuelle, la métaphysique classique et

la pensée mystique, tout est lié. Chaque chose n'entre-t-elle pas en résonance avec toutes les autres ? L'interdépendance est bien la loi fondamentale. L'influence mutuelle entre les êtres est radicale, tous baignant dans l'unique Énergie cosmique. Il n'y a donc pas de véritable séparation, puisque tout être n'est qu'une manifestation de l'Être unique et que chaque être différent possède la même texture que tous les autres. Chaque mouvement d'un être résume et prolonge en ce monde l'unique mouvement de l'Être. À plus forte raison, lorsque tu te transformes toi-même et que tu chemines vers un plus-être, l'humanité entière en est affectée et la beauté du monde s'en trouve augmentée.

*

La fourche de l'arbre
La feuille le fruit
Moments inattendus

L'Être a son horaire secret.

Ce qui naît pour toi à chaque instant ne peut être vraiment deviné. Le passage des choses en ta vie est manifestement imprévisible. L'Être n'est-il pas une création continue et déroutante ? Il déploie sans cesse sa nouveauté en toi et autour de toi. En toute gratuité et de manière inopinée, il s'offre comme une bénédiction, te surprenant le plus souvent. À une croisée de chemins, dans la joie d'une rencontre, au cœur d'une maladie, à travers une blessure, pendant un repas convivial, lors d'une marche en montagne, l'Être peut jaillir en toi sans crier gare. Il vient te visiter telle une inspiration, au moment même où parfois tu ne l'attendais plus.

Grâce originelle !

Encore faut-il savoir accueillir un tel jaillissement de l'Être et laisser venir en toi la plénitude, qui se dépose alors au centre de ton être, comme un beau papillon venu de très loin. C'est ta conscience éveillée qui sait lever le voile des apparences pour recueillir ces moments inattendus, tels des miroirs vivants de l'Être. Elle seule est apte à dévoiler un soleil caché dans une de tes nuits ; elle seule sait se rendre attentive à la naissance de ce qui deviendra pour toi un jour nouveau. Et c'est ton cœur ouvert qui connaît la première de toutes les hospitalités, cet accueil de l'Être qui jour après jour s'offre à l'improviste.

Foi originelle !

*

Graine tige feuilles
Efforts amoureux
Fleur éclose

En la fleur qui s'ouvre l'amour resplendit.

La fleur n'est-elle pas ce qui naît, croît et s'accomplit à partir
d'une merveilleuse coopération entre la pluie et le soleil venus
du ciel et les minéraux enfouis dans la terre ? En cela, elle
est un riche symbole résumant en lui-même la grande histoire
d'amour qui traverse le cosmos. C'est en effet tout l'univers
qui aime pour qu'un seul être puisse apparaître. « L'amour est
l'essence même de l'énergie cosmique », écrivait Teilhard de
Chardin, ce savant interprète de l'évolution. Il est cette onde
venue de très loin, depuis l'atome au cœur de l'infiniment petit
jusqu'aux étoiles dans l'infiniment grand. Il est la musique de
toute gestation et de toute naissance en ce monde. En réalité,
il est la vibration cosmique qui crée et recompose sans cesse
l'ensemble de la matière. Enclos en celle-ci, il est l'élan qui
réunit avec intelligence toutes les forces pour que les formes
les plus variées apparaissent, se développent et s'épanouissent.
C'est lui qui pousse du dedans les êtres vers leur accomplissement. Énergie universelle, unique vibration essentielle, Âme
du monde œuvrant en toutes les âmes, l'amour est le Dieu

caché en train de naître et de croître en tous les habitants du cosmos, ses enfants.

Rien d'étonnant à dire que tu sois appelé, toi son enfant humain, à te rendre disponible à l'amour. Tu es convié à laisser passer en toi ce courant énergétique. Puis, une fois dans l'aire de l'amour, tu n'as qu'à apercevoir ce qui partout cherche à devenir, afin de contribuer à son avènement. Et chaque achèvement, lui-même victoire de l'amour, sera toujours également le fruit d'une collaboration entre tous les êtres concernés. Et chacun de tes gestes d'amour, lui-même signe de l'amour universel, sera toujours une participation à la grande marche cosmique.

*

Le silence parle
Voix secrète
Même le mur est concentré

Certains de mes silences portent la signature de l'Âme.

Tel est ce silence né de mon intériorité la plus profonde. Il jaillit depuis l'apesanteur de l'Âme. Sa voix muette est un son pur dont la sonorité n'a d'égale que celle d'un grand arbre immobile dans la forêt. Il ressemble au plus lumineux des matins, issu de la plus secrète des nuits. Ce silence éloquent est rempli d'un sens venu de l'autre versant de moi-même. Il est habité. Se taisant, il parle déjà. Et s'il prononce quelque parole, elle est nimbée d'Âme. Toute parole authentique n'est autre que l'envers d'un silence et tout vrai silence n'est autre qu'une parole d'Âme.

Certains de mes silences résonnent du chant de l'Être.

Tel est ce silence dont la profondeur est si grande qu'il pousse ses racines jusque dans l'immensité cosmique. Il puise au dire initial de la création. Il se fait l'écho de la langue natale du cosmos. En lui, j'entends le murmure de l'univers. Il syntonise les vibrations cosmiques et il capte des ondes souterraines pour devenir une oreille qui chante le chant même de l'Être. Ce silence humain aux dimensions cosmiques est si dense qu'il enveloppe toute forme matérielle de sa spiritualité. Si diaphane qu'il rend translucide toute chose aussi opaque qu'un cœur fermé ou un mur de pierres.

*

Arôme d'un feu
Goût de vent
J'ignore l'heure et le lieu

Dans un instant l'Éternité s'est lovée.

« Les âmes humaines sont amphibies », disait Plotin, penseur mystique du IIIe siècle. Une part d'elles-mêmes est tournée vers l'Éternité, là-haut. Une autre part est engagée dans le temps, ici-bas. Mais par une profonde concentration de leur attention, elles peuvent réconcilier, dans un seul instant, le Haut et le bas, l'Éternité et le temps, l'Être et le devenir.

En cette métamorphose de son regard, une âme humaine perce les apparences des choses et voit comme la première fois. Les mystiques appellent cela « l'éveil ». Regardant une fleur qui s'accomplit, l'âme entre dans la conscience d'Éternité. Voyant un simple geste de bonté, elle sait que c'est l'Un qui aime et qui s'aime en tout ce qui est. Contemplant le feu dans l'âtre, elle est plongée au centre même de l'Être qui est partout et non plus enchaînée à un coin de ce monde.

Si ton regard se confond ainsi avec la clarté originelle, ton âme saisira la transparence des choses entre elles. Elle-même se percevra, pour reprendre la belle expression du philosophe et poète Gaston Bachelard, telle une « goutte de feu » ou peut-être telle une flamme qui s'écoule. Hors du temps et de l'espace, elle entrera dans les secrets de la divine alchimie qui sait unir toutes choses, faire exister la résonance universelle, réconcilier les contraires et transmuter l'eau en vent, le vent en feu et le feu en âme humaine.

*

Elles disent mille choses
En restant coites
Les étoiles

Chercheur d'Être, écoute les voix du silence.

Il y a d'abord le silence en ton âme, ce silence que connaît le méditant qui s'extrait de l'espace et du temps et qui a appris à faire taire en lui-même tout bruit, y compris ses belles rêveries et ses riches pensées. Entré en un vide intérieur et parvenu dans une sphère silencieuse de ta conscience, tu peux entendre en toi-même des murmures de l'Être. Ayant rallié ton centre et te laissant conduire en ses secrètes demeures, tu peux discerner le mystérieux rayonnement qu'émet ta propre âme. Tu as été entraîné sur le versant silencieux de ton être. Tu sais désormais qu'en ce milieu originaire, en ce champ de conscience, prend naissance toute parole authentique. Tu perçois que depuis cette source intarissable, à partir de ce champ énergétique, émerge toute action véritable. Tu apprends qu'en cette parole et cette action venues du plus profond silence intérieur, tu changes l'univers en te changeant toi-même.

Mais, chercheur d'Être, tu peux aussi entendre les voix muettes des choses et des êtres de ce monde. De l'atome à l'étoile, tous parlent selon le rang qu'ils occupent dans la hiérarchie cosmique. Sur fond de silence en ton âme, entends les vibrations, perçois les ondes, saisis les rythmes de tout ce qui existe en ce monde. Autour de toi, des foyers de lumière s'allument comme des lampes et des harmonies résonnent comme des musiques. Apprends à cueillir ces «fleurs de silence» que sont tous les habitants sans voix du cosmos. Leur être même est une parole adressée à ton âme.

*

Au milieu des pins
Un haut bouleau blanc
Aspiration

Le destin de l'être humain est vertical, comme celui de la flamme.

L'élévation vers un plus-être est une loi de l'évolution cosmique. Depuis le nucléon jusqu'à l'être humain, ce désir et cette lutte pour monter dans l'échelle de l'Être constituent l'essence même de la grande course évolutive. Cette aspiration de l'Énergie universelle semble être comme le bruissement de fond de l'univers, depuis ses lointaines origines. Ce serait là le chant épique, l'hymne éternel de la création. Maître Eckhart écrivait au XIVe siècle : « Nulle créature n'est si minime qu'elle ne porte en elle le désir de l'être ». Il y a vraiment un désir en tous les êtres de l'univers, une sorte de flamme au-dedans de toutes les entités. Cette flamme ou ce désir intérieur, qu'ont suivi à tâtons et de tous côtés les êtres de cet univers, a tracé le chemin qui a permis de gravir les paliers de l'Être jusqu'à l'avènement de l'être humain.

C'est donc cette flamme qui, présente dans l'atome autant que dans l'étoile, s'est transmutée et haussée, pour habiter désormais au cœur de moi-même comme de tout être humain. Infiniment plus que tout autre être de cette création, je désire surgir de moi-même et naître à ma plus haute vérité intérieure :

mon être essentiel. Du plus profond de mon humanité, je suis attiré vers l'Être comme par «un aimant» (dans les deux sens du terme). Je ne respire bien que dans l'air de l'Infini. Être de désir et désir d'être, comme toi et comme tout être humain, je veux m'élever vers les vibrations les plus hautes, celles des énergies cosmique et divine. Chercheur d'Être, je suis comme un grand arbre dressé à la verticale. Né de l'infinité inépuisable au fond de mon être, mon songe humain est en vérité le songe le plus haut que connaisse la terre : faire grandir le cosmique et le divin en mon âme unique.

*

> *Quelqu'un verra-t-il*
> *Cette fleur printanière ?*
> *Tout est nécessaire*

Tout être a sa place dans la grande chorégraphie cosmique.

Chaque être porte en lui une vérité secrète qu'il a la tâche de faire éclore. Son pas de danse est essentiel dans l'ordre cosmique. Sa vocation est de mettre au jour ce qu'il porte au plus profond de lui-même. Ainsi en est-il de l'oiseau créé pour témoigner de l'éclat de son plumage, de l'art de son chant ou de la grâce de son vol. Ainsi en est-il de la fleur appelée à offrir son parfum, sa forme ou ses couleurs. Tout être est à sa manière un artiste de la vie. Surgissant de soi, il participe au mystérieux geste épique de la naissance divine en cours dans l'univers. Dépliant son être, il joint sa note irremplaçable au chant cosmique éternel. Là s'affirme sa nécessité dans le cosmos. N'est-ce pas le son grandiose de l'Être qui retentit en cette note unique ? N'est-ce pas l'énergie créatrice de l'Être qui œuvre en ce surgissement ?

À plus forte raison es-tu convié en tant qu'être humain à devenir concrètement, jour après jour, ce que tu es en ta profondeur cachée. À un degré encore plus élevé, tu es donc toi aussi un artiste de la vie. En chacun de tes moindres gestes de bonté, de vérité ou de beauté, c'est le Divin qui naît ici et maintenant en ce monde. Au fond de toi-même, il y a ce cri spirituel: «Deviens ce que tu es». Et cet accomplissement singulier de ton être est nécessaire dans la grande marche de l'Histoire humaine et cosmique. Même penché sur la plus humble des tâches, tu es responsable de la beauté du monde.

Reconnaître ainsi la valeur et la noblesse de tout être de ce monde comme de chacun de tes actes n'invite-t-il pas ta conscience à la plus grande vigilance? N'es-tu point incité à t'arrêter pour écouter le chant d'un oiseau, admirer la délicatesse d'une fleur et être attentif à tout geste de bonté, de vérité ou de beauté qui peut naître de toi-même ou de tout être humain?

*

L'Un manifesté
Dans l'infini multiple et varié
Jouis-en

Voici l'invitation divine au voyage...

Puisses-tu goûter, dès le petit matin, la transparence de l'aurore, la saveur si agréable de l'eau qui étanche la soif, le parfum enivrant de la terre où tu marches, le pépiement des jeunes oiseaux et la majesté des pierres lissées par les pluies. Sache qu'en ces beautés de la nature « Je suis ». Le creuset de tout ce qui existe, c'est Moi. Le psaume des créatures qui fait ta joie, J'en suis l'auteur. Je suis l'origine, le soutien et le terme de toute chose. Cette création qui s'est dépliée au cours de myriades d'années et qui se déploie aujourd'hui en une multitude d'êtres variés, elle est mon acte unique.

Puisses-tu apprécier, au long des jours, le calme silence de la solitude, les vibrations des cloches carillonnant une fête, les joies irremplaçables de l'amitié, la clairvoyance des sages qui nourrissent ta pensée, le courage des héros qui suscitent ton admiration et le grand amour dont témoignent les saints en ce monde. Sache qu'en ces beautés de l'homme « Je suis ». Ton humanité porte mon empreinte. Je suis le Centre de ton centre et la Source de ton désir d'être.

Goûte toute chose que t'offre la nature! Apprécie tout instant de ta vie! Mais veille sur ta profonde mémoire. C'est elle qui te rappelle que je suis l'Un dans le tout, l'Être dans les êtres, le Créateur dans les créatures. C'est elle qui prononce au plus profond de toi-même ces mots: « Je suis ».

*

Je suis l'homme
Et la fleur
Et toute chose

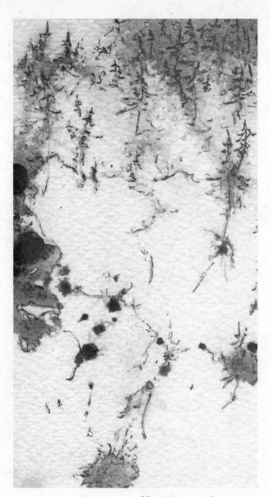

Montagne enneigée
Dénuement
Silence

Consistance du roc
Légèreté des feuilles
Double visage de l'Être

Arrivée soudaine
D'un oiseau migrateur
Nouveauté de tout instant

Chapitre 2

DÉPLOIEMENT

La flamme imaginaire
Tord
L'axe de l'être

Je suis le feu du désir d'être.

Par le chemin de mon désir infini, l'Être vient à ma rencontre. Ce point le plus intérieur de moi-même est l'axe autour duquel tourne l'univers entier. Il est mon centre, ouvert à la manifestation du mystère. Il est le lieu d'émergence de la dimension oubliée.

Il arrive que mon désir d'être entre en rêverie. Ce rêve éveillé peut transformer une pierre en perle précieuse, un arbre en flamme incandescente, un papillon en étoile filante. Ma rêverie, cette flamme imaginaire, est capable de transmuer toutes choses familières en miroirs profonds reflétant l'indicible réalité. Elle peut faire de tout être un authentique symbole du cosmos, et même un témoin privilégié du Divin. Ainsi ma rêverie me ramène-t-elle en ma propre demeure, au centre de moi-même ; ainsi s'enroule-t-elle autour de l'axe de mon être essentiel.

Mais mon désir entré en rêverie est parfois mensonger et illusoire. Ce sont alors les rêves éveillés de l'ego trompeur qui envahissent le champ de ma conscience. Ils empêchent ainsi mon accès à la zone du mystère, m'écartent du centre de moi-même, m'éloignent de mon âme et surtout tordent l'axe de l'Être qui me traverse.

La sagesse consiste pour moi à apprendre à discerner entre la rêverie qui révèle ma profondeur et celle qui la masque. La première est la flamme imaginaire qui, en mon âme, crée des corps de lumière, éclaire les chemins et purifie mon être. L'autre est celle qui, en mon ego, calcine ma réalité profonde, détourne ma voie et peut transformer toutes choses qui m'entourent en cendres…

*

Je place mes mains
Dans l'énergie de l'air
Mes pieds sont calmes

J'appartiens au souffle de l'air et au limon de la terre.

Fils du Très-Haut, je cherche le grand air des montagnes. Mes rêveries sont de sommet et mes pensées sont d'Absolu. Je connais l'exaltation et l'exultation, l'ardeur et l'enthousiasme. Attiré comme par un aimant, je veux atteindre l'énergie pure de l'Esprit. Je suis l'être du désir et le désir de l'Être. Seule l'Éternité peut combler ma poursuite. Je rêve d'un Levant lointain, d'une Lumière stellaire, d'un Feu primordial.

L'insaisissable Vent-Esprit est mon Dieu !

Fils du Très-Bas, mes racines poussent dans la terre. Je ne suis qu'une particule, un corpuscule, un minuscule point de l'espace et du temps. Né des atomes et des molécules, mon étoffe est celle de la matière. Le sol ne peut se dérober sous mes pieds. Je connais la paix des couchants, le silence des nuits d'encre et le calme des eaux sombres.

La solide Terre-Mère est ma Déesse !

Je sais que l'harmonie du ciel et de la terre est la grande loi cosmique à laquelle j'ai à me soumettre. Ma tâche humaine ne consiste-t-elle pas à réaliser l'union des contraires, à rassembler dans l'équilibre des compléments d'être ? Ne suis-je point appelé à marier en moi-même le vent des hauteurs aux souffles chauds de la terre maternelle ?

*

Je pars je viens
Pourtant toujours
Nulle part je ne suis

Deux axes se croisent en mon être.

Je suis le marcheur incessant. J'avance dans mon axe hori-
zontal. Comme le souffle, je pars et je viens. Je marche d'ici à
là-bas et d'aujourd'hui à demain. L'espace et le temps forment
la texture de mon être. J'habite une aire limitée et la durée
m'entraîne. Ma vie est faite de départs vers des ailleurs et
de retours vers un ici, cet autre ailleurs. J'alterne les courses
vers l'autre et les rentrées chez moi. Mon existence possède
la fugacité d'une lueur incertaine. Elle épouse la trajectoire
éphémère d'une étoile filante.

Finitude ! Impermanence !

Je suis le bouddha immobile. C'est là mon axe vertical. Je
ne suis nulle part, étant partout ; et je suis partout, n'étant
nulle part. Mes départs ne sont pas des éloignements, mais
des détachements. Mon intimité possède l'immensité des
espaces et des temps. Je ne suis toujours qu'en moi-même,
et pourtant j'étreins l'univers. M'établissant dans la présence
de l'Être, aucune absence, aucun éloignement ne me sont

trop douloureux. Ma tête se lève vers le zénith et, dans ma conscience de l'Éternité, je juge de l'écoulement des choses. Je sais que les fils tissés par l'Être se croisent en moi, en chacun et en tous et même en toute chose. L'Être, et c'est là son œuvre de beauté, m'illumine comme il illumine les objets et les êtres les plus humbles.

Infinité ! Éternité !

Être et devenir, tout et rien, éternité et temps, vide et forme, lumière et obscurité, vie et mort : telle est l'étoffe de mon être. L'immobile marcheur : voilà qui je suis.

*

Il dit
J'ai trouvé la vérité
Son violon n'a qu'une corde

On croît en la lumière les uns par les autres.

Le mystère cosmique est évoqué dans les rythmes, les images et les harmoniques d'un poème. La vérité de l'univers se lit à travers les chiffres, les variables et les inconnues d'une équation. La richesse de l'Être se dévoile par l'entremise des intuitions, des représentations et des concepts d'une pensée. La profondeur divine se révèle dans les mythes, les rites et les invocations d'une croyance.

Mais ni l'art, ni la science, ni la philosophie, ni la religion ne peuvent exprimer, de manière exclusive, toute la vérité enclose en l'Âme du monde. Tous les regards humains, par lesquels en définitive l'univers se regarde lui-même, sont conviés à se croiser sans se confondre, dans un incessant dialogue en quête de vérité. Poète, savant, philosophe ou mystique, chacun n'est qu'une simple voix dans la grande partition cosmique. Il ne prononce que quelques mots de l'inépuisable langage de l'Être. Ta conscience ou la mienne est, en profondeur, un dialogue : elle ouvre, à sa manière, une perspective unique sur le Tout et son point de vue est un don à offrir autant qu'un don à recevoir.

Le fanatisme des fous de Dieu, des utopistes totalitaires ou des grands prêtres de la technoscience est une maladie de la conscience humaine. La foi exclusive et intolérante, accompagnée de zèle aveugle et destructeur, est une folie de la conscience humaine. Toutes les musiques d'un seul son, cherchant à enterrer les autres musiques, ne peuvent contribuer à l'hymne de la création, qui requiert toujours les accords harmonieux d'un chant choral. On croît en la lumière les uns par les autres.

*

Mille personnes cherchent
L'introuvable
Tinte la cloche balinaise

Des sons purs existent pour qui cherche l'Introuvable.

La plainte d'un vent devient pour moi une parole sur l'Invisible. Un repas convivial dit une secrète vérité sur l'Indicible. L'œuvre d'un poète indique le mystère de l'Être. Ainsi, tout peut devenir un son répercuté dans les profondeurs de mon âme. Aussi bien le beau geste de compassion et l'intensité d'un silence habité que les vibrations discrètes d'une vieille église romane...

Chaque être est, en sa profondeur, une note du chant éternel de l'Être. Je veux savoir écouter pour capter l'intensité, le timbre, la hauteur de ce son, car il laisse entrevoir, en son unique longueur d'onde, la fréquence cosmique et divine. Un peu comme le font une cantate de Bach et une hymne grégorienne par lesquelles on entre dans la conscience de l'Éternité.

Des sons aigus, graves et harmonieusement entremêlés sont parvenus jusqu'à l'oreille intérieure de mon âme. Ils l'ont éveillée, la transportant hors du temps et de l'espace. Une grâce s'est offerte à elle, comme la rosée du matin. Une résonance s'est produite en elle, tel un enchantement sonore.

Une clochette discrète se fait entendre, comme le murmure d'une voix cheminant vers moi depuis le plus lointain horizon. C'est un appel de l'Introuvable. L'ayant perçu, mon âme de chercheur d'Être s'est mise à psalmodier.

*

Du cul de sac mental
À la conscience profonde
Sans appuis ni limites

Ma raison discursive est une lumière imparfaite.

Au IVe siècle avant notre ère, le grand philosophe Platon disait qu'il faut penser avec son âme entière. Pour lui, on ne pouvait accéder au monde transcendant de l'Être qu'en purifiant son être profond. Malgré son incontestable grandeur et sa contribution importante à ce qui fait la dignité humaine, ma raison ne peut atteindre ni à la racine des choses ni à la totalité lorsqu'elle est laissée à ses seules forces rationnelles et confinée à son approche purement conceptuelle. Il y a un écart infranchissable entre ma pensée discursive et le mystère de l'Être.

Les grands philosophes et les sages de toute tradition spirituelle ont sans cesse affirmé cette limite de la démarche rationnelle ou mentale et reconnu l'existence d'un niveau plus profond de connaissance. Ils évoquent alors une expérience intuitive de l'Être qui passe par une authentique présence à soi. Et ce voyage au centre de soi-même, cette écoute de sa propre profondeur, cette immersion dans « le silence connaissant de l'âme », dont parle le penseur mystique du XIVe siècle Maître Eckhart, est le véritable état d'éveil de la conscience.

Ce regard vers le dedans est en même temps un regard vers l'Au-delà. La plongée dans l'immanence donne ici accès à la Transcendance.

M'accrochant au «fil brillant de la conscience profonde» évoqué dans l'antique pensée hindoue, j'entre dans une autre sphère en laquelle l'Être laisse entrevoir son insondable et mystérieuse lumière. Dans une formule à saveur platonicienne, le sage Krishnamurti dit: «Aimerais-tu les reflets si tu pouvais voir ainsi la Réalité?» L'accès à cette conscience profonde ne serait-il pas le sens ultime de ma vie et l'avenir même de l'humanité tout entière?

*

Frissons d'amour momentanés
Amour calme éprouvé
Éternité

Il y a l'ocre de la passion.

Voici que naît en moi l'attirance vers l'autre. Je suis rempli du désir de l'union charnelle. Par-delà la pulsion sexuelle qui cherche sa satisfaction, je poursuis la conquête de l'être qui m'attire. Par-delà le principe de plaisir égocentrique, je vis selon le principe de l'union altruiste. Par-delà la pure sensation physique, je connais la belle émotion.

Ainsi le besoin sexuel s'est-il transformé en désir érotique. En moi, le dieu Éros cherche passionnément l'autre. Il m'initie aux jeux de la séduction, à la création de rites, à la poésie amoureuse, mais aussi à la souffrance de l'obsédante possession. Éternité de tels instants amoureux !

Il y a l'ivoire de la tendresse.

Voici qu'est advenue en moi la tendresse. C'est elle qui me conduit au-devant des désirs de l'être aimé : elle est prévenance, attention, délicatesse, présence à l'autre. Ce qui peine ou réjouit l'être que j'aime, je le sens aisément. La tendresse qu'incarne Céladon dans un roman pastoral du XVIIe siècle, cette tendresse qui se fait en moi discrètement affectueuse et caressante, est un sentiment durable.

La tendresse est douceur et paix de l'art de vivre ensemble, cet art qui crée la beauté de la communion entre deux êtres à la fois complémentaires et égaux en âme. Grâce à la tendresse, j'ai traversé l'épreuve du temps. Éternité de cette durée amoureuse !

*

L'odeur de basilic
Fait rougir
Les fleurs des bougainvillées

Tous les êtres, tels des fils de verre entrelacés...

L'univers est un Grand Vivant. En son Âme unique, toutes les âmes des choses communient entre elles. Chacune résume toutes les autres tel un microcosme. Et dans une ronde aussi solennelle que magique, les formes s'enlacent pour devenir l'unique tapisserie cosmique. L'une se fait le reflet de l'autre au sein de cette incommensurable écriture en miroir qu'est le cosmos.

Les consonances sont partout présentes dans le Grand Tout indivisible. Voilà que des vibrations lumineuses dansent dans des fréquences proches des ondes sonores. Ici, une plante à feuilles aromatiques entre en résonance avec un arbrisseau grimpant aux fleurs violettes. Là, la lumière de l'aube fait chanter un oiseau. Tout se tient. Il n'y a qu'un seul Esprit cosmique en lequel tout baigne. Aussi les équations du physicien, les pensées du sage, les notes du musicien et les mots du poète s'appellent-ils et se répondent-ils, dans la grande quête humaine de la vérité.

La transformation de mon être n'affecte-t-elle pas, elle aussi, l'humanité tout entière ? Car mon être est diaphane comme toute matière est elle-même transparente. Et il irradie, tel un centre qui rayonne en toutes directions de l'espace. Je respire dans l'unique « Âme de la nature », dont parle le grand savant contemporain Rupert Sheldrake, ce qui me rend solidaire des autres et semblable aux autres. Je suis un miroir de verre étamé où se réfléchissent toutes choses. Je suis un prisme irisé de ce vaste champ de neige qu'est l'univers. Je suis un nœud de relations et ne m'achève moi-même que dans mon union avec tous les autres.

*

Sentier accroché aux étoiles
Éternité en chaque pas
Montagne de l'âme

Le sage monte en son âme vers son âme.

La montagne à gravir est en lui: c'est l'âme. Et la cime de la montagne, c'est encore son âme. Il progresse en cet espace intérieur jusqu'aux frontières inconnues de son être essentiel. Constamment, il surgit de lui-même et va vers lui-même, le plus haut possible, parfois jusqu'au point d'origine de la source. S'élevant ainsi, il ne fait qu'accomplir humainement la grande loi cosmique de l'élévation. Car depuis près de 14 milliards d'années, le cosmos lui-même est traversé par un mouvement de montée de la complexité et de la conscience. C'est donc l'acte incessant de transformation créatrice du cosmos qui vibre en l'être du sage, l'incitant à monter jour après jour pour atteindre la cime de son âme. Dans son *Allégorie de la caverne*, le philosophe Platon rappelait que la vocation humaine consistait en cette montée intérieure vers le soleil de l'Être.

En cette ascension, chaque tâche et chaque effort sont importants, puisqu'en eux une création de soi est possible. Chaque situation et chaque instant sont cruciaux, parce qu'en eux un dépassement de soi peut se produire. Aucun geste n'est banal. Tout peut devenir une rencontre avec l'Être en soi-même. Tout peut se muer en un pur instant d'éternité. Un pas semblera n'être qu'une fraction, et pourtant se reflète déjà en lui la totalité de la marche. Un geste paraîtra anodin, et pourtant se manifeste parfois en lui la beauté de l'âme. Un matin s'annoncera semblable à tous les autres, et pourtant survient avec lui l'aube radieuse d'une nouvelle conscience. Le sage a compris qu'une simple action peut devenir le commencement d'un monde, qu'un parcours quotidien peut être un moment de son odyssée spirituelle. Et il sait qu'en toute circonstance, c'est son âme qui l'appelle, depuis son point le plus haut. Comment ne souhaiterais-tu pas, toi aussi, monter en ton âme et devenir un sage ?

*

Ne me demande pas l'aumône
De grâce
J'ai le bras en écharpe

J'ai pour toi cette belle histoire...

Il était une fois un homme tombé au milieu de brigands qui, après l'avoir dépouillé et roué de coups, le laissèrent à demi mort au bord de la route. Bien des gens passèrent près de lui. Certains refusaient tout simplement de le voir. D'autres se disaient: «J'en ai assez de ma propre souffrance», ou se trouvaient de bonnes raisons de poursuivre leur chemin sans s'arrêter pour lui prêter secours. Puis, vint un homme qui fut touché. Il s'approcha de l'homme blessé, prit soin de lui, le fit monter dans sa voiture et le conduisit en lieu sûr pour qu'il soit soigné. Cet homme pour qui tout autre est un prochain, depuis longtemps on l'appelle «le bon Samaritain».

Le bon Samaritain, c'est celui qui, devant la souffrance d'autrui, refuse l'indifférence. C'est celui qui, devant la détresse, n'accepte pas l'enfermement dans la prison de l'égoïsme. Cet homme ne cherche aucune justification lui permettant d'oublier la douleur des autres. C'est l'être de la générosité, cette vertu du don de soi. Comme toute grande vertu, la générosité se situe d'abord dans le registre de l'être plutôt que dans celui de l'avoir. Elle est solidarité, fraternité, proximité. En cela, elle témoigne d'une grandeur humaine.

Le bon Samaritain, c'est surtout l'être de la compassion. C'est celui qui s'attriste du malheur de l'autre, qui souffre de la souffrance de l'autre et qui fait tout pour soulager la peine qu'il rencontre sur son chemin. En cela, il atteste de la hauteur de son âme comme de la valeur de tout être humain.

*

Dans le libre vent
De son aile l'oiseau
Tire le destin

Toute chose possède deux anses.

C'est le sage stoïcien Épictète qui parle ainsi, au IIe siècle de notre ère. Par l'une de ses anses, disait-il, tu peux prendre la chose; par l'autre, tu ne le peux pas. C'était pour lui le symbole de ce grand jeu humain du destin et de la liberté. L'anse par laquelle tu peux prendre toute chose est au-dedans de toi: c'est ta liberté. L'anse par laquelle tu ne peux prendre toute chose est extérieure à toi: c'est ton destin. Si tu veux maîtriser, dans ta vie, ce qui ne dépend pas de toi et t'arrive du dehors comme un destin, il te faut aller au-dedans vers ce qui dépend de toi et jusqu'au cœur même de ta liberté.

En toi réside le pouvoir qui peut donner sens à des événements imprévus ou indésirables. Devant toute situation que tu n'as pas choisie, tu es convié à entrer en toi-même. Là, par ton jugement qui pèsera les motifs de ton action à venir, par ta décision qui tranchera parmi les possibles et par ta responsabilité qui répondra effectivement de ta décision, tu affirmeras ta liberté. Alors, tu auras su prendre les choses par l'anse avec laquelle il faut les prendre. En toute occasion, ton action doit surgir de ta liberté. C'est elle qui tracera ton chemin, et non le destin qui t'est extérieur. N'est-ce pas dans l'attitude profonde que tu prends à l'égard des événements que tu maîtrises finalement ta vie ? C'est ainsi, disent les bouddhistes, que le lotus, à partir du principe interne qui l'anime, transforme la boue en laquelle il pousse. Entre en ton âme, remonte à ta source, sois présent à ta liberté en toute circonstance que t'envoie du dehors le destin. C'est ton intériorité seule qui possède le pouvoir alchimique de transmuer un obstacle extérieur en occasion pour toi de grandir, exactement comme le lotus le fait avec la boue. N'oublie jamais cette règle de vie : il faut prendre tout ce qui t'arrive de l'extérieur par l'anse de l'attitude intérieure que tu choisis en toute liberté.

*

Un âne son ombre offerte
Un grand arbre ses feuilles
Un épervier son nimbe d'or

L'épervier son avidité
Le grand arbre ses épines
L'âne son ombre pétrifiée

Il n'y a en toi ni pure luminosité ni pleine opacité.

« Dans la lumière existe l'obscurité : ne regarde pas avec une vision lumineuse. Dans l'obscurité existe la lumière : ne regarde pas avec une vision obscure. » C'est un proverbe taoïste qui énonce cette profonde vérité qui t'invite à voir en toi-même comme en tout être l'obscurité cachée dans la lumière et la lumière présente dans l'obscurité. Il y a ainsi en toi-même les forces de l'obscur. Ce sont celles du repliement sur soi. Elles sont le règne sombre de l'ego ou de l'adversaire intérieur, celui qui en toi résiste au contact avec l'Être. Les penseurs mystiques ont appelé ces forces de l'obscur « avidité », ou désir impatient replié sur soi, et « cupidité », ou convoitise mesquine qui fait qu'on n'aime que soi. En tes propres actions, même les plus nobles, tu dois savoir regarder cette part obscure de toi-même. Fermeture sur toi dans l'obscurité ! Isolement et souffrance infligée à toi-même et aux autres !

Il y a aussi en toi-même les forces de la lumière. Ce sont celles de l'ouverture sur l'autre, sur la communauté et sur l'univers entier. Elles puisent en toi au plus profond de ton âme pour en faire émerger un don généreux, une offrande gracieuse, un amour inconditionnel et la douceur de la joie qui s'ensuit. Rayonnement solaire de l'être spirituel en toi-même ! Transparence joyeuse à la lumière de l'Être !

Ces forces d'obscurité et ces forces de lumière sont imbriquées les unes en les autres. Elles ne sont que des bifurcations empruntées par l'unique énergie de l'Être, tantôt emprisonnée dans les dédales obscurs de ton moi égocentrique, tantôt engagée dans les sentiers lumineux de ton âme. Si les forces de l'obscur forment un voile masquant la lumière qui t'habite, les forces de la lumière sont toujours une victoire remportée sur l'obscur en toi-même.

*

Du sacrum à la fontanelle
Se reproduit
L'univers

Le cosmos gîte en ton corps.

Tu es tous les êtres : c'est là ta beauté secrète. Tu les reflètes tous, telle l'une des perles de la résille du dieu Indra en laquelle, comme en un miroir, on peut voir toutes les autres. La douleur comme la joie de l'univers sont en toi. Depuis les hauteurs de ton esprit jusqu'à tes assises matérielles, tu es habité par l'unique Énergie cosmique. Les règnes minéral, végétal et animal se nouent et se hiérarchisent en ton humanité incarnée. En ton corps même, en chacun de ses centres vitaux et en tous ses mouvements, l'Énergie, concentrée et résumée, circule. Le Grand Tout est en ton corps comme en chacune de ses parties, car l'axe du monde passe par ton être et la sève de toute vie coule en lui. L'immense courant cosmique le porte, ou ne serait-ce pas plutôt ton être lui-même qui porte ce courant ?

Laisse donc l'Énergie s'exprimer en ton être. Deviens transparent comme le verre que traverse la lumière. Permets à cette Force cosmique et divine, qui en toi s'est humanisée, de rayonner. Alors, ta main sera celle d'un artiste qui crée, ton regard sera celui d'un sage qui sait discerner la vérité et ta marche sera celle d'un saint qui s'approche avec compassion de l'être souffrant. Rends-toi disponible. Établis ton être en harmonie avec ce pouvoir universel caché en toi. Ainsi, tu agiras sans effort dans « le non-agir », comme disent les penseurs taoïstes. Oui, c'est bien l'Énergie cosmique elle-même qui créera par ta main, qui prendra conscience par ton regard, qui aimera par ta marche vers l'autre. Et alors tu ne sauras vraiment plus qui agit : elle ou toi ? La feuille qui tombe de l'arbre ne sait pas, elle non plus, si c'est le vent qui la porte ou si c'est elle qui porte le vent...

*

Lève l'arc
Tend la corde
Plus qu'un

Et si l'Éternité se coulait en ton geste...

Alors l'Être illuminerait ton acte qui atteindrait dans l'instant sa perfection. Tu te serais approprié une part de l'Énergie universelle. Tu aurais plongé dans l'immense courant qui te porte et que tu portes à la fois. Par ton action, c'est la Vie elle-même qui aurait réussi à se dépasser. Et, te désaltérant auprès de ta source profonde, tu serais d'ores et déjà initié au secret de tous les chercheurs de perfection.

Je connais un oiseau, Jonathan Livingston le goéland. Il désirait apprendre toute la richesse de son vol et en mieux comprendre le sens. Sa raison de vivre devint la poursuite de sa propre perfection et le partage de ses découvertes avec ses semblables. Il croyait à la gloire d'un vol de goéland. Toi de même, tu peux participer à cette course en hauteur et tenter de vivre selon ce que le sage Platon appelait «le principe du meilleur». Dans le moindre de tes actes de bonté et dans l'exercice de ton métier tout autant que dans l'ensemble de tes gestes quotidiens, tu es appelé à cette grandeur et à cette perfection dans l'action. Par ta façon d'être présent en toute circonstance, ton geste pourra devenir un lieu où se révèle un aspect du mystère de l'Être. Par ton «action juste», comme disent les bouddhistes, c'est en quelque sorte ton être profond qui surgira de lui-même et se dira au monde. Si tu sais, comme la flamme, « brûler haut pour être sûr de donner de la lumière », selon la belle expression du philosophe Bachelard, tu connaîtras la liberté du geste réussi et la joie de l'acte en lequel s'exprime ton être profond. Tu goûteras à l'Éternité qui réside dans la qualité, l'intensité et la perfection d'un geste, ici et maintenant. Et quand donc l'Éternité est-elle atteinte à son plus haut degré ? Voici le secret que découvrent tous les chercheurs de perfection : il y a Éternité lorsque l'archer, l'arc, la flèche et la cible ne font plus qu'un.

*

Voler rouler marcher
Rêver penser contempler
Axes de l'instant

Ton action se déploie à la croisée de deux chemins.

Il y a d'abord, en aval de ton action, le chemin extérieur. C'est celui d'une tâche exécutée sur la base d'un savoir ou d'un savoir-faire maîtrisé. Sur ce chemin de ton action, la performance optimale est au rendez-vous. Ici, il y a obligation de résultat observable. Pour en arriver à ce stade de perfection formelle et extérieure, il t'aura fallu nombre de répétitions, raffinements et soins minutieux jusque dans les moindres détails. Tu n'as qu'à penser aux gestes à la fois précis, rigoureux et instinctifs d'artisans, d'artistes, de sportifs ou de techniciens.

Et il y a, en amont de ton action, le chemin intérieur. En tout domaine, quel que soit le geste extérieur accompli, si c'est le «geste juste» et achevé, tu te transformes intérieurement. Une trace se dessine alors dans la profondeur de ton être. Par la façon d'être parfaitement en ton acte extérieur, tu réalises un tout petit pas de plus sur le chemin de la croissance intérieure. D'un geste authentique à l'autre, tu t'ancres en ton être profond. Ainsi, travaillant la pierre par son acte créateur, le sculpteur taille en même temps sa propre silhouette humaine.

La croisée des chemins extérieur et intérieur se produit lorsque, dans une action que tu réalises, tu t'aperçois que ça agit à travers toi. Tel est le « non-agir » dont parlent les taoïstes. À ce moment du « laisser venir », tu es devenu plus transparent à ton être essentiel. Touché par l'Être, tu participes à son énergie créatrice, intelligente et liante. Dans un acte, tu as alors parcouru le long chemin dont parlait saint Augustin au IVe siècle, allant de ce qui est extérieur (*ab extra*) vers ce qui est intérieur (*ad intra*) et de ce qui est intérieur (*ab intra*) vers ce qui est supérieur (*ad supra*). En cette union du dehors, du dedans et de l'au-delà, tu connais la grâce même !

*

Amitié et amour
N'effacent solitude
Cette ivresse

Au bout de ta solitude, l'amour attend.

Ta solitude n'est pas l'isolement qui t'enferme sur toi et rend ton moi prisonnier de son amour-propre, le séparant des autres. Ce repliement dans l'isolement pesant toujours lourdement sur ton âme est source de souffrance, alors que ta présence à toi-même dans la solitude porte avec elle la joie. Chaque fois que tu entres en une solitude qui mène jusqu'aux secrètes demeures de l'âme, tu renais à ta conscience profonde. Cette solitude est habitée par ton être essentiel. Où que tu la trouves, en plein cœur d'une forêt ou en bordure de mer, dans ta chambre ou dans un temple, elle te ramène au centre de toi. Et c'est là, en ta profonde intériorité, que tu peux entrer en dialogue avec l'Être. Une telle solitude est sacrée. C'est une sorte de sanctuaire, un véritable lieu d'éclosion de l'âme, comme enveloppée par une douce neige. Alors l'âme se sent entourée par une mystérieuse lumière blanche venue des confins de l'Être.

Ta solitude crée en toi un vide intérieur que tout peut remplir. Elle prépare, au centre de ton être essentiel, le logis qui saura accueillir autrui. T'approchant de ta source intime, tu t'approches des autres personnes. C'est là que tu découvres que ta propre solitude est aussi celle d'autrui et que tous les êtres humains forment «l'homme unique». Ainsi, le plus court chemin vers ces formes de l'amour que sont l'intimité amoureuse, l'amitié, la solidarité ou la compassion universelle passe-t-il par ta solitude. Ta communion avec autrui ne nie donc pas ta solitude. Au contraire, elle prend vraiment racine dans cette présence à toi-même qu'est «la solitude si chère et si enivrante» qu'évoquait le poète romantique Alphonse de Lamartine.

*

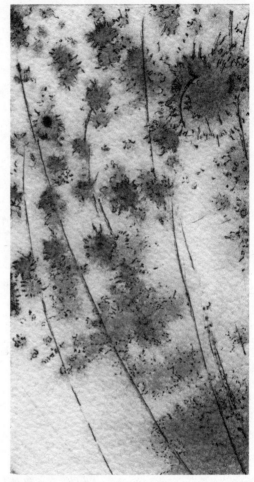

Dans la constellation de Persée
Des étoiles filantes
Bonheur éphémère

Au pied des falaises
Le calme d'un lac
L'Éternité s'est lovée

Dans le vent des hauteurs
Danse et vol plané
Chorégraphie cosmique

Gorge profonde
Passage étroit
Ainsi la vie ainsi la mort

Chapitre 3

DÉPOUILLEMENT

Du tout au rien
Du rien au tout
Dépouillement

Une natte
Plus un palmier–dattier
Ainsi soit île

«Nos âmes croissent par soustraction.»

Cet énoncé paradoxal est du grand théologien Maître Eckhart. La croissance dont il parle se situe dans l'ordre du don et de l'intériorité, c'est-à-dire de l'être. La soustraction se rattache, pour sa part, à l'ordre de la possession et de l'extériorité, c'est-à-dire de l'avoir. Ne me faut-il pas soustraire de nombreux désirs largement illusoires de pouvoir, de richesse et de luxe pour retrouver cette profonde liberté qui garde mon âme en apesanteur? La course à ces «faux infinis», dont parlait le philosophe Hegel au XIXᵉ siècle, rend mon âme esclave de ce qui lui est étranger et qui, de surcroît, ne pourra jamais la combler. Il y a vraiment un vide à instaurer en elle pour que ce bien cosmique et divin, qu'elle porte caché au centre d'elle-même, puisse trouver place et exercer sa puissance de gravitation.

Dépouillée, mon âme atteint à la légèreté d'un vol de papillon. Ses désirs ont passé de l'avoir à l'être: elle a haussé son vol à la hauteur de cette longueur d'onde. Comme la Conscience cosmique elle-même se met à distance de ses propres œuvres et se détache des formes éphémères qu'elle crée, mon âme s'établit dans la non-possession et le non-attachement. Elle est alors libre de toutes choses extérieures, parce qu'elle s'affirme plus grande qu'elles. Elle devient don et non préhension, offrande et non retenue. Déprise de ces choses qu'elle a parfois cru être elle-même, dépouillée de tout l'accidentel qui pouvait usurper sa dignité, mon âme a su faire le vide. Elle s'est purifiée. Comme la Dame à la licorne entrant en sa tente sur son île, elle se tourne vers l'essentiel et rejoint son seul vrai désir, le profond désir d'être. Alors, l'intérêt pour l'avoir s'incorpore à ce seul désir d'être. Et la hiérarchie est respectée: mon corps vit en mon âme.

*

La fleur tombe
Le vent l'envole
L'arbre jubile

Tout mûrit pour le don.

Ainsi il est dans la nature ! Ainsi en est-il pour l'être humain que je suis !

La danse cosmique de l'énergie divine est telle qu'elle crée, du sein de son vide originel, la myriade des formes de l'univers. Puis aussitôt elle s'en détache, les laissant virevolter dans tous les vents du temps et sur toutes les routes de l'espace. Sur cette grande scène, la vie et la mort s'enlacent, la créativité et le détachement s'étreignent, la souffrance et la joie s'accompagnent.

Et tout devient en moi, et jusqu'à mourir à moi-même, pour que se vive une offrande.

Et tout s'offre en moi, et jusqu'à mourir à moi-même, pour que naisse une joie.

Le grand jeu cosmique est bien un modèle pour moi. Sa règle est générosité. Son passe-temps : donner, se donner, ne rien retenir. Son interdit : se laisser emprisonner par un objet ou un être, fut-il l'image même de la beauté. L'effort créateur se dénoue donc, pour l'homme et pour tout être vivant comme pour l'univers lui-même, par un don. Et de là émerge, comme en écho, une profonde jubilation.

C'est dire que, lors même que je donne, la joie advient en moi comme un don gratuit. Car la joie achève l'acte du don. Elle est en quelque sorte un don offert à ceux qui donnent.

*

Arbre dégarni
Ajouré de vent
Soleil absent

Ces cris de la nuit partout vers la lumière...

J'entends ces cris, qui semblent parfois venus de gouffres insondables, tant la souffrance humaine est profonde. Quelle angoisse lorsqu'une grave maladie s'insinue, rompt l'harmonie intérieure du corps et fait craindre la mort ! Quel désespoir lorsque des causes, des valeurs et des engagements auxquels on croit s'effondrent, jusqu'à enlever à la vie même son sens ! Et quelle désolation lorsqu'un être aimé s'éloigne, disparaît ou meurt ! Alors, l'âme elle-même, depuis l'obscurité en laquelle elle est plongée, crie son déchirement et sa révolte : « Ôte-toi de devant mon Soleil ! », lance-t-elle à l'insupportable souffrance.

À ces moments en lesquels l'être humain semble vaincu, je voudrais être comme l'alchimiste qui tentait de changer le plomb en or. Ainsi, je ferais que toute perte se transforme en gain. Je transmuterais l'incontournable obstacle sur le chemin en occasion de progrès intérieur. Toute souffrance deviendrait une épreuve qui purifie la conscience et la pierre de touche qui mesure le courage et la liberté. Je ferais en sorte que la plus douloureuse des brûlures du corps ou de l'âme attise le feu du désir d'être. La plus grande des peines s'épuiserait et sur ses ruines renaîtrait la joie de vivre.

N'entends-tu point, comme je les entends, ces cris de la nuit partout vers la lumière ? J'aimerais tant être un passeur sur le grand fleuve de l'histoire humaine pour aider quelques êtres à cheminer de la rive de l'obscurité jusqu'à celle de la lumière. Et quand viendra mon tour de crier ma souffrance, je souhaiterais trouver moi aussi sur ma route un alchimiste ou un passeur.

*

La feuille bourgeonne
Jaunit meurt
Vit ma vie

Je suis l'homme et la fleur, la pierre et l'étoile.

Dans la grande manifestation cosmique, toute forme, d'abord repliée en elle-même, se déplie pour s'épanouir dans la joie, flétrir dans la tristesse et disparaître soit dans un cri sourd, soit dans un doux murmure, parfois même dans un profond silence. Tout ce qui naît grandit, vieillit et meurt.

Ainsi en est-il de l'étoile qui vient au monde dans un nuage de gaz galactique : elle s'enroule sur elle-même pour transmettre sa lumière incandescente à la nuit interstellaire, brûle les matériaux qui la composent, puis agonise et enfin s'éteint. Ainsi en est-il de la pierre qui, agrégée par sédimentation, devient un roc solide formant saillie sur le sol, puis s'effrite et tombe en poussière. Ainsi en est-il encore de la fleur qui émerge d'un bourgeon pour offrir à l'univers sa forme, ses couleurs ou sa senteur, puis se fane, sèche et disparaît.

La lumière astrale, le minerai pierreux et l'enveloppe florale sont en moi. Homme cosmique, voilà qui je suis ! Fils de la joie et de la souffrance universelles ! Miroir autant que microcosme ! Le jeu divin, qui partout dans l'univers crée et détruit les formes, se reproduit en moi, et chacun de mes mouvements résume en lui-même la longue geste épique du cosmos.

Toute chose, comme moi-même, naît, mûrit, vieillit et meurt, il est vrai. Mais n'y a-t-il pas des étoiles qui s'éteignent pour que naisse un soleil ? N'y a-t-il pas des fleurs qui se flétrissent pour qu'apparaisse un fruit ? N'y a-t-il pas des pierres qui s'émiettent pour que se découvre un saphir ? Et si tout ce qui meurt mourait pour renaître autrement...

*

La mort arrive
Demain aujourd'hui
J'arrose les tulipes

Apprendre à mourir est autant apprendre à vivre.

Je ne puis contrôler ni arrêter la mort. Elle a son heure irrévocable. Elle arrive tel un visiteur importun. Elle conduit l'être humain en un mystérieux passage aussi étroit qu'obligé. Elle ressemble à un maelström cherchant à avaler à tout jamais l'être vivant qui s'en approche.

Devant cette mort à la fois inéluctable et imprévisible, la sagesse me convie à me frayer un chemin vers une intense présence à la vie. Elle m'invite à goûter tous les instants comme autant de grâces évanescentes. Car en eux, le fil de la Grande Vie peut être saisi. À la condition de laisser l'instant être ce qu'il est, je puis cueillir en lui la part d'humanité qu'il m'invite à vivre. En lui, il m'est parfois possible de me tenir au commencement d'un monde, si je sais l'accueillir «avec l'esprit neuf du débutant», comme dit le penseur zen Shunryu Suzuki. Même dans les plus menus actes, il peut devenir le lieu d'un travail intérieur, une façon juste d'être au monde ou encore un point singulier en lequel l'éternité se révèle. La conscience de la mort, événement aussi inévitable qu'inattendu, m'invite également au plus grand détachement. Car la

Vie, tout comme les êtres qu'on aime, est simplement prêtée : sous son règne, sur cette terre du moins, nul n'en est propriétaire. Toute chose est transitoire et toute forme est éphémère. Un jour on naît, un jour on meurt ; un jour on commence, un jour on achève. L'impermanence m'enseigne le « lâcher prise », le « laisser partir », en un mot le détachement.

Apprendre à mourir me renvoie donc à l'art de vivre de deux manières inséparables : par une présence à l'instant en lequel peut se dévoiler la lumière de l'Être et par un détachement en lequel s'accomplit l'acceptation de la nature éphémère et transitoire de toute chose.

*

La mort arrive
Aujourd'hui demain
Endosse un smoking

Je veux goûter la beauté de l'instant.

Puisque je ne puis ni contrôler ni arrêter la mort qui toujours pointe à l'horizon, je choisis la Vie à tout moment. Chaque instant peut être un commencement, une aurore. Malgré son caractère éphémère, en lui l'Être fraie sa voie jusqu'à moi. Dans la saveur d'un fruit, la douceur d'une musique ou la finesse d'une teinte, l'instant devient pour moi une petite île de lumière. Il se moque bien de la mort, sans arrogance bien sûr, mais avec la certitude qu'il s'offre lui-même comme une discrète et passagère visite de l'Être. Je désire cet instant, microcosme en lequel le Tout cosmique laisse entrevoir la beauté de sa chorégraphie, miroir où se mire une ineffable Présence, point spirituel en lequel resplendit une parcelle d'Éternité.

Encore faut-il que j'apprenne la vigilance et que je sache rester en état d'ouverture. Pour cela, il me faut me déprendre de tout cet accidentel que je crois encore être l'essentiel, purifier et transmuter les attentes de mon petit moi. Je dois risquer le détachement, faire le vide, lâcher prise. Alors, immergé en ce silence où se sont tus mes désirs et mes pensées, je serai disponible à l'instant. Je consentirai à l'Être infini et universel présent sous le masque d'une durée aussi brève que singulière. Je serai attentif au Grand Vent qui danse dans une simple brise.

Je le redis: détachement et présence au cœur des événements les plus marquants comme des gestes les plus banals, voilà les armes de ma liberté devant la mort.

*

Dans ma chambre glacée
Seul le silence
N'avait pas froid

Le feu de l'Être brûle dans l'âtre du silence.

Je marche jusqu'au silence en moi-même. En ce logis le plus intérieur de mon être, aucun son n'est perceptible, aucun bruit ne court, aucune agitation n'inquiète. Quand se taisent la pensée et la rêverie, quand l'oreille de l'âme écoute contre le silence, je puis parfois entendre comme en écho la chaude voix de l'Être.

Les froidures ne peuvent atteindre au silence que je suis. Et pourtant, elles attaquent de toutes parts. Venant de toute action destructrice et de tout acte d'anéantissement, elles sont la froidure de la peur. Naissant de toute parole insensée et de tout geste absurde, elles sont la froidure du désespoir. Apparaissant en toute manifestation de haine et en toute intention d'isolement, elles sont la froidure de la désolation.

Mais le feu de l'Être continue de brûler au foyer du silence que je suis. En cette coquille inatteignable s'est enveloppé mon consentement à l'Être. En cette zone secrète sont captées des vibrations cosmiques. En cet au-delà présent au cœur de moi-même sont perçus des murmures divins. Mon silence est un vide que le Tout peut remplir.

En froides saisons, atteindre à la chaleur de l'Être !

En mortes-saisons, atteindre à la lumière de la Présence !

Dans l'âtre du silence...

*

L'heure de germer
Celle de mourir
Nature sait tout accorder

Tout va de la légèreté d'une aube à la pesanteur d'un crépuscule.

Tout vient de la Nature; tout retourne à la Nature. Telle est l'inflexible loi cosmique. Les stoïciens parlaient en cela de l'ordre universel. En cette ordonnance cosmique, le devenir est inséparablement éclosion et flétrissement. Certaine est donc la mort pour tout ce qui naît en cet univers. Regarde les semences et les germes de toute chose : ne ressemblent-ils pas à des soleils naissants ? Observe les plants fanés et les organismes vieillis : n'ont-ils point l'allure d'astres s'éteignant ?

Mouvement de fond incessant de l'impliement au dépliement puis au repliement, du caché au manifesté puis à l'obscur : voilà la voie de l'éternel devenir. C'est le grand jeu de l'Esprit cosmique en ce temps et en cet espace avec, pour l'une de ses règles essentielles, l'impermanence. Celle-ci est la roue des existences éphémères, le cycle des naissances et des morts et la danse infinie de création et de destruction du dieu hindou Shiva, dont les gestes mesurés et le calme visage témoignent de la profonde harmonie cosmique.

Le sage a appris à vivre avec cet inéluctable destin universel. Il éprouve pleinement l'enchantement de toute germination et la beauté lumineuse des aurores. Il ne fuit pas la tristesse liée au dépérissement et à la mort. Il sait que l'hymne cosmique est un chant de joie et de souffrance, de vie et de mort. Son âme s'est unie à l'Âme du monde. Comme le sage empereur romain du IIe siècle Marc-Aurèle le clamait en son adresse au dieu cosmique, j'aimerais moi aussi pouvoir dire : « Tout me convient de ce qui te convient. Ô Monde ! Tout vient de toi, tout retourne à toi ».

*

On m'a mis au monde
On me retirera du monde
Qu'ai-je à moi?

Toute chose t'est prêtée, pour un temps.

Dans le grand «fleuve du temps», dont parlait le vieux philosophe grec Héraclite, règne l'impermanence. La vie qui coule en toi semble parfois posséder la rapidité des torrents. Elle t'offre un jour la santé, les biens, la réputation et l'affection des êtres proches. Un autre jour, tu connais la perte de biens précieux et l'absence d'êtres chers. Tu nais dans le dénuement, ayant besoin d'être aimé, bercé, accompagné; tu meurs dans un dépouillement semblable, avec les mêmes besoins.

La Vie vient à toi et elle t'offre tes amitiés, tes amours et le pouvoir de rendre ce monde meilleur. Tout cela est beau et grand! Mais tout cela ressemble aussi aux feuilles que le vent emporte à l'automne. Sache que la Vie ne te fait propriétaire de rien. Le sage stoïcien Sénèque a écrit qu'il te faut tout faire, penser et dire en homme qui peut à l'instant sortir de la Vie. Voilà pourquoi il t'importe d'accomplir chaque action comme pouvant être la dernière de ta vie. Sois donc détaché des honneurs, des biens, des plaisirs et même des êtres aimés. Et cependant, comme l'écrivait le grand tragédien grec Euripide, « moissonne les moments de la vie comme des épis chargés de grains ».

Apprends le détachement. Accepte de te séparer des choses et des êtres, comme on quitte des choses et des êtres qu'on chérit mais qu'on ne possède aucunement à titre de propriétaire. Cultive également la présence aux choses et aux êtres, bénissant l'un après l'autre les instants de beauté qui te sont offerts en leur compagnie. En ce détachement et en cette présence résident la sagesse et la renaissance dont parlent tous les éveillés de ce monde.

*

Comme feuilles au vent
Tout bouge
Au souffle de l'Être

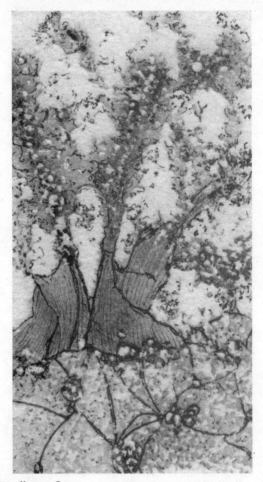

Feuilles ou fleurs
Troncs ou graines
Même musique au-dedans

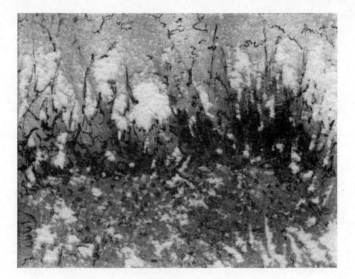

Feu vif
Ardent brasier
Le pur désir d'être

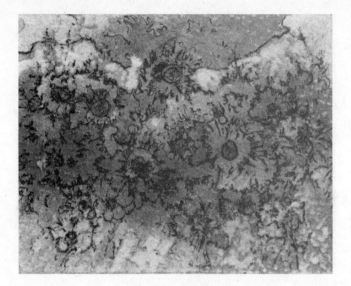

Au bas de la montagne
Un bosquet fleuri
Présent offert avant la montée

Chapitre 4

RENAISSANCE

Par la porte de l'éveil
Lumière de la conscience
Renaissance

Le vent du printemps
Chante dans mes cordes
Le merle migre au jardin

Chaque signe est pour moi un doigt de lumière.

Si ma conscience est éveillée, tout devient signe. Le signe me parle. Il pointe vers un au-delà de lui-même. Il m'indique un horizon inconnu à découvrir. Il exige mon écoute, mon regard, mon attention. Autrement, nulle révélation n'adviendra.

Je puis célébrer ce jour printanier comme un signe. Le murmure d'une brise légère, l'arrivée d'un oiseau migrateur, les pousses nouvelles au jardin et le chant de mon âme s'y entremêlent. Tous ces signes réunis me disent la venue du printemps après le dur hiver. Mais que signifie à son tour le printemps, si ce n'est une nouvelle éclosion de la vie et la joie d'une renaissance ? Ainsi me parlent les signes.

Voilà que, pour ma conscience éveillée, les signes se parlent entre eux. Et c'est là l'expérience de la beauté qui crée une sorte de dialogue entre les signes. Ainsi, l'oiseau migrateur est devenu le chant du vent et ce chant du vent ressemble à un murmure envolé de mon âme.

Qui plus est, pour ma conscience éveillée, les signes parlent même d'un Ailleurs ou plutôt laissent parler en eux un Ailleurs. J'entends cette voix lointaine qui se répercute comme en écho dans chacun des signes, et elle dit la profondeur et l'unité de toute chose. « Chaque chose est toutes les autres et chaque chose est un reflet de l'Être », murmure-t-elle. C'est là la résonance cosmique que porte avec elle toute expérience de l'Être.

*

Une fracture de lumière
Entre deux rideaux
Éveil

Voici venu pour toi un instant de lumière.

Ta vie s'écoulait dans la banalité du quotidien, au milieu d'un monde d'apparences. Mais voilà que dans la contemplation silencieuse d'un coucher de soleil ou le beau geste de compassion d'un inconnu, un éclair a jailli. Une trouée de lumière t'a permis d'entrevoir une mystérieuse dimension des choses, un côté caché de toi-même et de tout ce qui existe. Alors une véritable éclaircie de l'Être s'est produite au cœur même de ta conscience.

Sache que cet éveil intérieur a été pour toi une discrète visite de l'Être. Plus souvent, un tel événement t'adviendra en un instant d'intense intériorité lié à une grande détresse ou, au contraire, à un bel enchantement. Mais le choc, l'ébranlement ou le saisissement, créant cette fente lumineuse en laquelle se glisse en ta conscience l'Autre Dimension, s'offre aussi à l'occasion dans les gestes les plus simples de la vie.

Chaque fois qu'elle capte cette lumière venue de très loin, ta conscience ne fait pourtant que retourner à elle-même. Dès qu'elle accueille cette fréquence vibratoire, elle renaît à sa vérité la plus intérieure, là où existe son ouverture à la Transcendance. Par cet éveil de ta conscience, tu perçois alors toute chose en toi-même et toi-même en toute chose; tu reconnais une Présence qui illumine toute apparence; tu saisis ta profonde appartenance à l'Être. Telles sont les traces que laisse en toi-même la venue d'un instant de lumière.

*

Le long mur d'une vie
Le rêve est-il derrière
Ou devant?

Des deux côtés du mur de ma vie...

Sur ce versant de ma vie, je suis immergé dans un monde d'apparences. Ma vie s'écoule entre une naissance enveloppée dans les brumes de l'inconscience et une mort dont l'horizon est incertain. Entre ces deux événements, je vis la fascination souvent chimérique des formes sensibles et les enchantements passagers de la chair. Puis viennent les pertes et les absences, la maladie et la vieillesse précédant et annonçant la mort. Il me semble que je suis enfermé, prisonnier, dans un univers quotidien ne me livrant que les ombres de mon être et de tout être, ne me faisant entendre que les échos de mes paroles et de toute parole prononcée.

Pourtant, le long mur qui enclot ces apparences ne pourrait-il pas être franchi? Serait-il possible d'aller de l'autre côté des choses et de poursuivre, derrière le mur, le chemin vers des rives ensoleillées? De fuir, sur des montagnes et en des vallées lointaines, cette humble vie quotidienne? Et de vivre, en cet ailleurs du désir, dans la lumière astrale de l'Être?

Cet autre versant de la vie ne serait-il pas, à son tour, le plus beau et le plus illusoire de mes rêves humains ? Non pas, me disent les sages. Mais à cette condition que pour moi l'Autre Monde se manifeste en celui-ci ! Et que le soleil de l'Être puisse être aperçu dans les régions ombrées de cette vie éphémère ! Et que les deux plans, celui de l'Être et celui des apparences, s'enchâssent et s'unissent en ma conscience ! Puis qu'une mystérieuse Présence soit reconnue en tout ce qui est et advient de ce côté-ci des choses !

Alors, le mur lui-même devient pour moi transparent : l'Éternité se trouve dans l'instant et l'Ailleurs est dans l'ici...

*

Il reconnaît
Ton vieillissement
Le miroir

Vois en toute chose ta forme changeante.

Regardant ce qui un jour commence difficilement en ce monde, tu apprends de la douleur de ta propre naissance. Observant ce qui un jour s'achève tristement en ce monde, tu penses à ta propre mort. Dans le miroir des choses qui passent, médite cette noble vérité sainte dont parlent les bouddhistes : « Ton être, comme tout être, est un incessant mouvement ; ta vie, comme toute vie, est un pur devenir ». Le temps qui t'est imparti est une longue et incertaine errance. Il n'a de cesse de transformer ton corps entier, tout comme le vent change la forme des nuages. Voyant que tout autour de toi dépérit, ne sens-tu pas ton propre dépérissement ? La maladie, le vieillissement et la mort se rappellent à toi. Le temps est souffrance. Le temps est repliement. Le temps est destruction.

Opacité du vieillissement que reconnaît ton miroir !

Contemplant ce qui éclot en ce monde, mire-toi en l'éclosion de ton âme ; t'appliquant à voir ce qui mûrit dans la nature, rappelle-toi ta propre croissance intérieure. Dans les choses en mutation, saisis cette noble vérité sainte dont parlent tous les mystiques : « Ta conscience est faite pour cheminer vers l'éveil ; ta vocation réside dans l'accomplissement de l'être possible que tu portes ; ton voyage humain est une longue remontée vers ta Source ». Le temps qui t'est imparti apparaît comme le dépliement de ta beauté secrète. Voyant que, partout, un être surgit de lui-même, ne comprends-tu pas que tu dois naître à ta vérité ? Car le temps est véritablement créateur. Nul mieux que toi ne peut comprendre que tout vieillissement peut être gestation et renaissance. Et si tu as su cheminer en harmonie avec la Nature, comme disaient les sages stoïciens, ton âme exprimera quelque chose de la divinité enclose en elle.

Luminance du vieillissement que reconnaît ton miroir !

*

Une feuille tombe
L'oiseau s'envole
Conscience de l'immobile

Au point culminant de ma conscience, un Soleil s'est levé.

Au sommet de la montagne, immergé tel un orant dans le silence de sa profondeur divine, j'ai perçu la luminance de l'Astre nimbé de lumière. En mon âme solitaire, j'ai ouvert les yeux sur cette clarté venue de l'Ailleurs. Dans ma solitude recueillie, j'ai capté cette Vibration plus haute que tout ce qui vibre en cet espace et en ce temps. Ce qui fut vraiment aperçu, en ce monde de flétrissures, c'est l'Être même, inaltérable.

En ces hauteurs où l'air est raréfié, j'ai pu comprendre que c'est l'Être qui en toute chose inspire et expire, créant ainsi la grande respiration cosmique. Il est incorruptible, en tout ce qui naît et en tout ce qui meurt à chaque instant. Ce petit cri rieur de l'enfant qui prend son envol en ce monde et cette plainte déchirante du vieillard qui se détache de cette vie, ce n'est rien d'autre que la manifestation de l'Être en son jour et en sa nuit. Il enfante et détruit dans le flux incessant du devenir cosmique. Il se tient, dense et immense, derrière tout ce qui se déploie et tout ce qui s'efface. Il joue, immobile et éternel, son jeu de création et de destruction, d'épanouissement et de dépérissement.

Au sommet de la montagne, immergé tel un orant dans le silence de sa profondeur divine, j'ai compris qu'en l'Être, toujours le même, tout naît et tout devient, tout meurt et tout renaît…

*

Yin yang
Systole diastole
Souffle de l'Un

Quand la fin est un commencement...

Le souffle est l'un des plus beaux symboles de l'Esprit
cosmique. Il témoigne de ce mouvement alternatif à l'œuvre
dans l'Être, mouvement semblable à une danse des vents
contraires. Il n'y a pourtant qu'une seule Vibration originelle
dans le monde. Mais elle comporte deux moments opposés
qui, comme le reconnaissent la science et la philosophie tout
autant que la spiritualité, sont en réalité complémentaires.
Comme ceux de l'unique respiration ou de l'unique rythme
cardiaque ! L'univers est traversé par une Onde sonore et
lumineuse, qui tantôt paraît être un léger bruissement ou
un long cri de douleur, tantôt ressemble à une lueur diffuse
ou à un fulgurant éclair. Tel est le courant cosmique qui me
porte et que je porte à la fois. Qui plus est, ce Grand Vivant
s'adonne au jeu du pendule, jeu selon lequel une poussée en
un sens parvenue à son terme entraîne immanquablement une
poussée en sens inverse. Ainsi, la fin d'une chose est le début
d'une chose nouvelle. Toute fin devient un commencement.
Au plus profond de la nuit, un soleil ne s'annonce-t-il pas ?

Et la vague atteignant son point le plus creux n'appelle-t-elle pas à son tour son point de crête ?

Dans ma conscience humaine, le jeu de l'Être est le même. Par exemple, mon immersion dans le silence, l'écoute ou l'inspiration proclame déjà la naissance, le jaillissement ou l'émergence d'une parole venue de très loin. Ici, une parole rend gloire au silence dont elle est née; là, un silence célèbre d'avance la parole qu'il va engendrer. Également, le féminin et le masculin naissent en moi l'un de l'autre. Il n'y a toujours, en vérité, qu'un seul mouvement en deux temps. Dans le passage des choses, dans le temps qui s'écoule, dans l'éternel devenir et dans le rythme de la vie humaine, la grande Loi cosmique de la dualité est à l'œuvre sur la toile de fond de l'unicité.

*

Pétales feuilles tessons
Jonchent le sol
Nul désordre

Je sais que ce qui meurt est lié à ce qui naît.

J'ai appris que tout est vraiment lié, en effet. Tout va et vient, de génération en génération, de l'enfance à la vieillesse et à la mort, puis de la mort à une nouvelle naissance et à une nouvelle croissance dans l'être. Ce qui apparaît et se déplie aujourd'hui dans la matière, l'espace et le temps est lié à ce qui est disparu et s'est replié hier dans l'Énergie pure. Ce qui se manifeste maintenant dans l'univers visible est aussi lié à ce qui se cachait mystérieusement dans un ordre invisible. Tel est l'ordre ou l'intelligence cosmique, dont parle la physique actuelle. Tel est le «logos» ou le principe immanent au cosmos, que reconnaît la métaphysique classique. Tel est le jeu divin de l'Être ou la grande roue des existences, qu'évoquent les traditions spirituelles de l'Orient.

Hier, il y a quelques milliards d'années, une étoile géante est morte pour que naisse plus loin une belle étoile, un soleil, qui saura s'entourer de plusieurs planètes, dont l'une hébergera la vie puis la conscience humaine. Et sur cette planète, une graine saura devenir un grand arbre avec ses myriades de feuilles. Puis, un jour, les feuilles de cet arbre mourront, tomberont, se replieront, disparaîtront dans le sol. Mais voilà que par la puissance de la grande Énergie cosmique et divine, leur matière se dépliera maintenant dans les formes nouvelles de quelques fleurs odorantes ou se manifestera dans des fruits savoureux.

Le Tout cosmique, tel un Grand Vivant, connaît ce battement de cœur, ce va-et-vient continuel. Il est lui-même l'éternelle danse de création et de destruction, que symbolise le dieu hindou Shiva. Il est l'infinie alternance cyclique des contraires, qu'expriment les principes taoïstes du « yin » et du « yang ». Il est l'ordre cosmique des naissances, des morts et des renaissances. Voilà ce que réaffirme constamment l'Âme du monde, dont mon âme fait partie.

*

Aux buissons argentés
Fleurs d'épines
Brodent le ciel

Que ta souffrance soit une étape vers un plus-être!

Je le sais : de cette maladie est montée en ton âme l'angoisse de la mort, et tu as vécu la peur d'être anéanti. Et pourtant, tu goûtes aujourd'hui chaque instant de la vie et tu le reçois tel un précieux cadeau. Je le reconnais : en voyant tout ce mal qui afflige les hommes et que les hommes se font entre eux, tu as éprouvé des doutes sur le sens de la vie et tu es même parvenu au seuil du désespoir. Et pourtant, combien de fois n'as-tu pas vu le sens surgir d'un non-sens, comme un soleil émergeant d'une sombre nuit. Je m'en souviens : en perdant un être cher à ton cœur, tu as vécu un sentiment d'abandon et tu as même crié ta désolation. Et pourtant tu as, depuis, approfondi les liens qui t'attachent à ceux qui restent et appris la joie de la Vie qui jour après jour se donne à toi.

Ta souffrance apparaissant comme un obstacle sur le chemin, ne sais-tu pas qu'elle est en même temps une occasion de devenir ? Ta souffrance te semblant une injuste résistance à ton bonheur, ne sais-tu pas qu'elle est aussi un levier soulevant ta conscience ? Ta souffrance se présentant à toi comme un adversaire t'empêchant d'avancer, ne sais-tu pas qu'elle est également ce qui force ton courage d'être?

Rappelle-toi: ainsi vont les choses, mystérieusement! Dans tout l'univers, du chaos naît l'ordre et du négatif sort le positif. L'ombre n'existe que par la lumière. La vérité se dissimule bien souvent sous le masque d'un mensonge. L'impasse s'avère être un passage. Sous les multiples formes qu'elle emprunte sur les chemins de la vie, la mort cache une renaissance. Et l'épine n'est là que pour permettre à la fleur d'exister en toute liberté et de créer, à sa façon unique, la beauté du monde.

*

C'est Bach
Qui brandebourgeoise
Dans la cathédrale cosmique

Écoute toi aussi la musique de l'univers.

N'est-on pas porté à penser que c'est la mer qui fait le marin et la montagne qui fait le montagnard ? Qui prête une profonde attention au cosmos pourra dire, de la même manière que le philosophe Plotin : « C'est la Musique qui fait le musicien ». Depuis sa naissance dans ce son primordial qu'on appelle le « Big Bang », le cosmos a répandu ses vibrations sonores dans l'espace-temps tout comme dans chacun des êtres variés qu'il a inventés au fur et à mesure de son expansion. Comme le suggère le thérapeute du son Alfred Tomatis (dans son livre, dont le titre et les sous-titres sont si significatifs, *Écouter l'univers. Du Big Bang à Mozart : à la découverte de l'univers où tout est son*), l'univers est vraiment le premier de tous les compositeurs, la première de toutes les musiques et le premier de tous les musiciens.

C'est cette Musique (ou cette profonde harmonie) cosmique qui engendre la musique des compositeurs et des musiciens. Bach et Mozart ont su mettre leur oreille intérieure à l'écoute des échos du Son cosmique originel. La mystérieuse musique du cosmos ou « la mélodie secrète », comme le dit l'astrophysicien contemporain Trinh Xuan Thuan, a coulé en eux comme une eau vive en ses canaux. Chacun a transposé, à sa façon et en sa propre musique, les confidences que lui a faites l'univers. Mozart a célébré la joie d'un ordre cosmique accompli ; Bach a fait vibrer des ondes divines appelant à la plus haute spiritualité. Le grand théologien protestant Karl Barth a écrit avec humour dans un sérieux traité de théologie : « Quand les anges sont en présence de Dieu, ils écoutent du Bach ; mais lorsqu'ils sont entre eux, ils écoutent du Mozart ». N'entends-tu point toi aussi, ouvrant dans le silence ton oreille intérieure, quelque écho du Son primordial vibrant en ces sublimes musiques ? Et ne sais-tu point toi aussi te mettre à l'écoute de l'univers ? Ce faisant, tu seras incité à faire de ta vie une musique unique et irremplaçable, devenant ainsi un artisan de la beauté du monde.

*

Quand tu es ici
Tu voudrais être ailleurs
L'ailleurs t'attend ici

Et si l'instant se faisait pour toi transparent...

Alors, ce serait comme dégager une pierre précieuse de la gangue qui l'enveloppe. Ou libérer un soleil des nuages qui le masquent. Car l'instant cache, sous le voile obscur des apparences, l'un des innombrables visages de l'Être. Au sein de « l'émerveillante banalité », selon l'expression du sage indien Krishnamurti, tu peux capter une lumière venue de l'Au-delà. L'instant peut y devenir une métaphore de l'Éternité : ici, le sentier où tu marches n'est plus un simple chemin étroit, il est « le pur Devenir ». Là, le lys que tu contemples n'est plus une simple fleur, il est « la sève de la Grande Vie ». Et tout près, la douleur de ton ami n'est plus une simple souffrance, elle est « le néant au cœur de l'Être ».

Dans la transparence des instants, ton quotidien se métamorphose telle la larve en papillon. Une transmutation s'opère. De ce côté-ci se manifeste la présence de l'autre côté des choses. Et l'univers visible, en lequel tu es plongé, indique la profondeur invisible qui le fonde. Le grand mystère de l'Être que rien ne peut circonscrire s'inscrit pourtant en chaque « ici » et en chaque « maintenant ». Dans une toute petite parcelle d'espace et de temps, une plénitude s'est lovée.

Tu peux bien essayer de fuir un présent, mais alors tu laisses échapper le commencement d'un monde et surtout tu t'évades de l'Être. Si pour toi la transparence des instants existe, le Lointain se tient au cœur de ce qui est proche, l'Inconnu se dévoile dans ce qui est connu et l'Infini se déploie au centre même de ce qui est fini.

*

Aux confins du silence
La muette conscience
Sait tout et ne sait rien

Comment te dire ce silence en lequel moi-même je suis allé?

Par un chemin dépouillé d'images, de sentiments et d'idées, je suis parvenu dans les territoires les plus lointains et les plus inconnus de mon être. Ai-je franchi le seuil à partir duquel on peut entendre la voix de l'âme elle-même? En cet espace intérieur, ai-je connu ce que les grandes traditions spirituelles appellent « l'éveil » ?

En ma conscience la plus secrète, j'ai cru entendre quelques accords de la Grande Symphonie cosmique. En elle vibrait, tel un son inaugural, l'Âme de tout ce qui existe. En moi se concentrait l'Énergie sonore et lumineuse de tout le cosmos : j'étais l'enfant du feu, la respiration de l'océan, la consistance de la pierre et le souffle léger de l'air. Mon âme était devenue l'Âme du monde. Je me sentais comme le résumé du Grand Tout. Là, en ce point central de moi-même, chaque être devenait la résonance de tous les autres et chaque chose était transparente. Microcosme, j'étais toute la mémoire du monde et le lieu de l'acte créateur unique et constant de la Divinité. Mais nul ne connaît ainsi le Tout sans connaître en retour le Rien. Le jour et la lumière de l'Être ne viennent pas dans l'âme sans la nuit et l'obscurité du Néant. En ma conscience la plus secrète, j'ai aussi éprouvé le froid silence des déserts de pierres et l'abysse angoissant de la mer. En ma conscience nocturne, la mélodie cosmique ne s'entendait plus. L'âme était devenue amnésique. La Divinité qui parle dans l'intimité silencieuse était muette.

Comment donc te dire ce qui se dévoile en cette expérience d'éveil? Peut-être le Vide et la Plénitude, le Néant et l'Être, le Rien et le Tout, l'Absence et la Présence ne sont-ils que l'envers et l'endroit l'un de l'autre; peut-être, à l'instar du dieu Janus, ne sont-ils que les deux faces d'une même Divinité cosmique.

*

Mort
Fin de séquence
Semence de l'être

Vient l'heure de la migration de l'âme.

Ce qui naît connaîtra la mort. La grande séquence de la vie s'achève dans un dépérissement, puis dans la mort. Alors, dans sa peur du néant, l'être humain connaît l'angoisse ; épris du sentiment d'un poème inachevé, il éprouve le non-sens ; au cœur de sa solitude, il appréhende le délaissement. Telle est la souffrance la plus profonde au seuil de la mort, une souffrance qui s'accompagne trop souvent de la douleur physique et de la dégradation du corps.

Comme il est difficile de quitter cette vie, de voir sa destinée se refermer et de se sentir abandonné ! La vie trop brève, à peine goûtée, s'enfuit dans les couloirs de la mort. Ne brise-t-elle pas tout avenir ? N'éteint-elle pas le pur désir d'être ? Sur la scène terrestre d'une vie humaine, le rideau tombe. Une pièce paraît achevée.

Mais si je crois en la victoire de l'Être sur les apparences, la mort ainsi vécue n'est qu'un mensonge. Si je mets ma confiance ultime en la Grande Vie, la mort ainsi vécue n'est qu'un masque. Sa vérité est autre ; son sens caché derrière le voile est à découvrir.

Oui, pour moi, la mort est un passage à traverser pour exister autrement sur une autre rive de l'Être. Mystérieuse alchimie, elle est une gestation préparant la naissance d'un être nouveau. Métamorphose, transmutation, pont menant de l'autre côté des choses ! La mort est le chemin ténébreux qui mène à la lumière d'un accomplissement, le crépuscule qui se fait nuit pour que naisse l'aurore. Elle annonce un nouveau feu de l'Être, car la vie ne quitte pas celui qui meurt : elle s'élargit. La mort n'éteint pas la personne : elle permet la migration de l'âme. Telle est ma foi !

*

Entre feuilles et rochers
La rivière faisant son lit
Accomplit sa destinée

Papillon
Volant vers la lumière
Toi-même

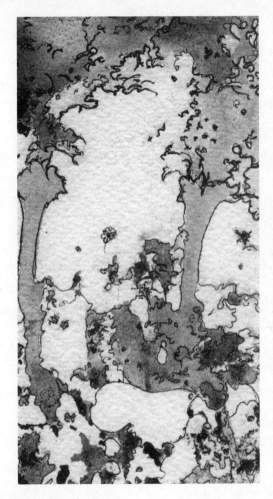

Enchevêtrement des feuilles
Entrelacement des racines
Tout est lié

Deux tiges
Mêlant leurs fleurs
Communion

Épilogue

Ton regard
Un temps infini
Le prépare

Ton regard, comme la signature de ton âme...

Que de temps n'a-t-il pas fallu pour qu'apparaisse le premier regard humain sur l'univers ! Fruit d'une très longue patience et d'une très vieille mémoire cosmique, les yeux humains se sont ouverts à la fois sur l'âme qui les portait et sur un horizon sans limites. Il est juste de dire que nous sommes devenus humains en acquérant cet autre regard qui a renouvelé l'univers et qui est, du même coup, conscience de soi et conscience d'un monde. C'est comme si l'univers avait accompli là son «grand œuvre», pouvant maintenant se regarder lui-même par cette fenêtre des yeux humains.

Mais toi aussi tu dois revivre à ton tour une longue patience et un exigeant apprentissage, pour parvenir à libérer cette lumière intérieure qui cherche à illuminer ton regard. La vigilance est nécessaire, tout comme le recueillement, le silence, la solitude et même une certaine souffrance, pour que se produise la véritable éclosion de ton âme en ton regard. Lorsque cela sera arrivé, c'est le meilleur de l'être humain qui luira en tes yeux, comme dans ceux de l'artiste, du sage ou du saint. Tu peux vraiment, comme eux, remonter à la source de ton regard comme le voilier remonte au vent. Traverser l'apparence et percevoir l'étincelle de vérité derrière le voile. Apprendre à te voir toi-même dans le mystère de l'univers et à entrevoir en ton être même le Grand Vivant cosmique à l'œuvre. Voir de l'autre côté des choses et révéler leur grandeur à tous ceux qui sont proches de toi. Découvrir l'ombre symbolique des choses et discerner les points lumineux de l'Être dans l'obscure matière. Si ton regard devient ainsi la signature de ton âme, ça ne pourra qu'être le fruit d'une aussi longue patience…

*

Chaque moment
De ta vie
Un haiku

Que les instants de ta vie revêtent la dignité des poèmes !

Si tu veux devenir ce rêveur qui poétise son existence, il te
faut savoir écouter ce que le philosophe Gaston Bachelard
appelle l'*anima*. C'est cette part de ton âme qui désire rêver ;
c'est elle qui joue le grand jeu poétique, crée la polyphonie de
tes sens et assemble des mots qui déjà semblent se courtiser.
C'est elle qui te conduira vers tout ce qui, du fond de ton être,
cherche à éclore et à fleurir en poème. Bien des instants de
ton existence, tristes ou joyeux, pourront ainsi connaître une
telle renaissance. Ils revivront alors dans le langage poétique,
se laissant élever et reconnaître dans cet état second. Que de
riches instants de ta vie, sans doute, sont demeurés de pures
anecdotes qu'aucune voix ni aucune écriture n'a promues à
cet autre niveau d'être. En réalité, ce ne furent là que des
fleurs vite fanées, ayant gardé pour elles leur suc, leur peine
infinie ou leur divine beauté.

Les instants de ta vie ayant quelque densité sont inépui-
sables si tu sais les considérer avec l'œil du poète en toi. Ils
possèdent une intériorité qui ne demande qu'à être dévoilée.
Laisse ton âme capter ce dedans des choses. Elle t'amènera

dans une région autre, dans un ailleurs pourtant si proche, en amont de toi-même. Elle te fera remonter aux sources de ton être et, à partir de là, elle saura briser la coquille recouvrant les instants de ton existence, afin que se manifeste à travers eux quelque aspect du grand mystère de l'Être. Et si tu sais ainsi constamment renaître à la conscience poétique, les instants de ta vie tresseront un art de vivre intense, tout imprégné de la tragique beauté du monde.

*

Table des matières

Le philosophe

JEAN PROULX est diplômé en théologie et en philosophie. Il a enseigné la philosophie au cégep pendant près de quinze ans. Il a été conseiller pour les politiques ministérielles en éducation, a dirigé une équipe de recherche au ministère de l'Éducation du Québec et a été secrétaire général du Conseil supérieur de l'éducation du Québec. Il collabore à diverses revues, donne des conférences et offre des cours à la Formation continue de l'Université Laval. Pour lui, « la philosophie est une réflexion sur le sens de l'existence, cherchant à répondre à ces grandes questions : Qui sommes-nous ? D'où venons-nous ? Où allons-nous ? »

Le poète

JEAN-GUY DESROCHERS est diplômé en littérature. Parallèlement à une carrière dans l'enseignement de la langue française au Québec et ailleurs dans le cadre de la coopération internationale, il a consacré le plus clair de sa vie aux voyages et à la poésie. Pour lui, « le voyage est source d'inspiration poétique et mode de recherche philosophique et spirituelle ». Il a publié des chansons à titre d'auteur-compositeur-interprète et c'est au cours des dernières années qu'il a fait paraître ses deux recueils de poèmes.

L'artiste-peintre

MERCÉDES BEAULIEU MALO est diplômée de l'École des beaux-arts de Montréal et spécialisée en pédagogie artistique. Elle a enseigné les arts plastiques au primaire et au secondaire et donné des cours de peinture dans des centres culturels. Tout au long de sa carrière d'artiste-peintre, elle a participé à des expositions. Son atelier d'artiste est situé à Québec (Cap-Rouge), où elle continue d'offrir des cours. Certaines de ses œuvres sont répertoriées dans des publications et font partie de collections. Elle peint, dit-elle, « par besoin personnel et pour partager avec d'autres ces instants de bonheur liés à la création artistique ». Sa démarche se présente comme une interprétation poétique de la nature, comme on pourra le constater en contemplant ses dessins dans ce livre.

Tous les livres de la collection Hamac sont imprimés sur du papier recyclé, traité sans chlore et contenant 100 % de fibres postconsommation, selon les recommandations d'ÉcoInitiatives (www.oldgrowthfree.com/ecoinitiatives).

En respectant les forêts, le Septentrion espère qu'il reste toujours assez d'arbres sur terre pour accrocher des hamacs.

**PROTÉGEONS
NOS FORÊTS**

CET OUVRAGE EST COMPOSÉ EN COCHIN CORPS 11
SELON UNE MAQUETTE RÉALISÉE PAR PIERRE-LOUIS CAUCHON
ET ACHEVÉ D'IMPRIMER EN MARS 2007
SUR LES PRESSES DE L'IMPRIMERIE MARQUIS
À CAP-SAINT-IGNACE
POUR LE COMPTE DE GILLES HERMAN
ÉDITEUR À L'ENSEIGNE DU SEPTENTRION